Katharina Scherer, Ulrike Wolter

Raumschiff Kuck
auf dem Weg durch die Galaxie

Ein Beobachtungsverfahren zur Feststellung
der motorischen Fähigkeiten vor dem Übergang
in die Grundschule

1. Auflage

Bestellnummer 50650

Haben Sie Anregungen oder Kritikpunkte zu diesem Produkt?
Dann senden Sie eine E-Mail an 50650_001@bv-1.de
Autorinnen und Verlag freuen sich auf Ihre Rückmeldung.

Die Autorinnen

Katharina Scherer, Erzieherin und Motopädin, leitet seit über 20 Jahren eine Kindertagesstätte in Bonn. Nach ihrer Ausbildung zur Motopädin schaffte sie es mit ihrem Engagement und Durchsetzungsvermögen, ihre katholische Kindertagesstätte in eine katholisch-motopädische Einrichtung umzuwandeln.

Ulrike Wolter, Sport- und Gymnastiklehrerin, Motopädin und Fachlehrerin an Förderschulen, sammelt seit einigen Jahren ihre Erfahrungen in der Arbeit mit Kindern sowohl als Motopädin in Kindertagesstätten als auch als Lehrerin an Förderschulen. Ebenso arbeitete sie einige Jahre als pädagogische Fachkraft für einen freien Jugendhilfeträger.

Sie finden uns im Internet:
www.bildungsverlag1.de
www.bildung-von-anfang-an.de

Bildungsverlag EINS GmbH
Hansestraße 115, 51149 Köln

ISBN 978-3-427-**50650**-8

Inhalt

Vorwort

Der Sommer kommt und die Einschulung der neuen i-Dötzchen steht vor der Tür. Ein weiteres Mal werden wir mit der Thematik „Schuleingangstests" konfrontiert. Aufgeregte Kinder und sorgenvolle Eltern sind ein täglicher Anblick in den Kindertagesstätten in dieser Zeit.

Wir als damals angehende Motopädinnen wussten, dass es auch Bestandteil der Schuleingangsuntersuchung ist, einen gewissen Grad an „ motorischer Reifung und Entwicklung" zu prüfen. Schnell stellten sich bei uns die Fragen: Wie wird ein solches Verfahren wohl durchgeführt? Welche Aspekte der Motorik sind für die Schulfähigkeit eigentlich von Bedeutung? Und wie zufrieden sind die durchführenden Pädagoginnen und Pädagogen oder Ärztinnen und Ärzte mit der Situation?

Diese offenen Fragen und allgemeinen Unklarheiten nahmen wir zum Anlass, die anstehende Projektarbeit unter das Thema „Schuleingangstests unter der Lupe – Motopädinnen decken auf" zu stellen.

Momentane Problematik

Im Laufe des Projekts begannen wir mit unseren Recherchen und stellten schnell fest, dass es kein einheitliches Test- bzw. Beobachtungsverfahren für ganz NRW gibt. Dies hat zur Folge, dass jede Grundschule ihre Tests aus verschiedenen derzeit bestehenden Testverfahren zusammenstellt. Von den durchführenden Pädagoginnen und Pädagogen erfordert das viel Zeit und Aufwand, der meist nicht in die Arbeitszeit fällt.

Zudem konnten wir beobachten, dass die derzeitige Durchführungspraxis von Beobachtungsverfahren im Rahmen der Einschulung oft nicht auf die Bedürfnisse sowie die aktuelle Erlebenswelt der Kinder abgestimmt ist und somit das Risiko besteht, dass man zu keinem aussagekräftigen Ergebnis kommt.

Ziel des Buches

Aus diesem Grund haben wir uns zum Ziel gesetzt, ein Beobachtungsverfahren zu entwickeln, das für möglichst viele Erzieher/-innen, Pädagoginnen und Pädagogen sowie Therapeutinnen und Therapeuten, die in diesem Arbeitsfeld tätig sind, praktikabel und leicht durchführbar ist.

Keineswegs ist uns entgangen, dass bereits eine Fülle von Beobachtungs- und Screeningverfahren veröffentlicht wurde. Dennoch lag es uns am Herzen, ein Beobachtungsverfahren ausgerichtet an den Bedürfnissen eines jeden Kindes, das sich auf die Schule freut, zu entwickeln. Denn wir wissen, wenn ein Kind sich wohlfühlt und die Aufgaben für es selbst bedeutsam erscheinen, kann es uns gegenüber unbefangen sein und sich über die Bewegung ausdrücken.

Als Expertinnen für Bewegungsfragen haben wir uns in unserem selbst entwickelten Beobachtungsverfahren auf die Bereiche der Wahrnehmung sowie Grob- und Feinmotorik beschränkt. Auf diese Weise gelingt es uns, aussagekräftige Informationen über den Entwicklungsstand des jeweiligen Kindes zu erhalten und eventuellen Förderbedarf darzulegen. Zudem können wir es dadurch in seinen noch vorhandenen Unsicherheiten und Schwierigkeiten unterstützen, um ihm somit einen positiven Einstieg in die Schulkarriere zu ermöglichen.

1 Schulreife oder Schulfähigkeit – was ist unter den Begriffen zu verstehen?

Unter „Schulfähigkeit" wird der körperliche, geistige und soziale Entwicklungsstand des Kindes zum Zeitpunkt der Einschulung verstanden, der von der Schule als Voraussetzung für den Unterricht gefordert wird. In älterer Fachliteratur findet man auch den Begriff „Schulreife". Diese Bezeichnung hat sich umgangssprachlich erhalten, während in der Fachsprache heute „Schulfähigkeit" bevorzugt wird. Die Anforderungen der Schule, für die das Kind „reif" sein soll, sind nicht explizit festgeschrieben. Veränderungen durch Lehrpläne und Richtlinien sowie die speziellen Unterrichtsbedingungen in jeder einzelnen Klasse sind dafür verantwortlich.

Hinzu kommt der Wandel in Umwelt und Gesellschaft, der dazu geführt hat, dass Kinder schon vor der Einschulung ein breiteres Wissens- und Fähigkeitsspektrum aufweisen können als früher. Ebenso ermöglichen vielseitige soziale und geistige Anregungen in Kindergarten und Familie den Kindern, ihr Wissen zu erweitern. Durch übermäßigen Medienkonsum, berufstätige Eltern mit weniger Zeit, soziale Probleme usw. kann jedoch auch das Gegenteil der Fall sein.

Schulfähigkeit soll allerdings nicht heißen, dass das Kind schon zu allem fähig ist, was in der Schule verlangt wird. Es wird erst in der Schule zu einem Schulkind. In Bezug auf die Schulfähigkeit eines Kindes sollte bei der Einschätzung also die Frage als Ausgangspunkt dienen: „Ist dieses Kind fähig und bereit, ein Schulkind zu werden?"

1.1   Die individuellen Voraussetzungen für einen erfolgreichen Übergang vom Vorschul- zum Schulkind

Im Hinblick auf die Schulfähigkeit eines Kindes werden bestimmte Fähigkeiten vorausgesetzt, die einen erfolgreichen Übergang vom Vorschul- zum Schulkind gewährleisten und damit auch einen längerfristigen Erfolg in der Schule ermöglichen sollen. Diese individuellen Voraussetzungen werden in den folgenden Bereichen angesiedelt.

Körperlich-gesundheitliche Voraussetzungen

Es besteht eine Beziehung zwischen der körperlichen Entwicklung sowie dem Gesundheitszustand und dem Schulerfolg. Damit ist nicht allein das körperliche Wachstum gemeint, sondern die Belastbarkeit im weiteren Sinne. Diese kann eingeschränkt sein, wenn ein Kind beispielsweise häufig erkrankt oder sehr leicht ermüdet. Besondere Aufmerksamkeit ist dem Hör und Sehvermögen zu schenken, da beide eng mit den Lese- und Schreibleistungen verknüpft sind.

Kognitive Voraussetzungen

Hiermit sind die Informationsverarbeitungsprozesse (allgemeine Intelligenz) gemeint, in denen Neues gelernt und als Wissen verarbeitet sowie miteinander vernetzt werden kann. Eine differenzierte visuelle und auditive Wahrnehmung, bestimmte Verhaltensleistungen sowie die Fähigkeit zu konkret-logischem Denken und zur Begriffsbildung, insbesondere von Zahl- und Mengenbegriffen, fallen darunter. Denken und Sprechen sind eng miteinander verknüpft. Sowohl das passive Sprachverständnis als auch die sprachliche Ausdrucksfähigkeit sind eine wichtige Voraussetzung dafür, dass das Kind dem Unterricht folgen und sich selber einbringen kann.

Motivationale und soziale Voraussetzungen

Hierzu gehören die Motivation und Anstrengungsbereitschaft. Damit sind auch die Fähigkeit zur Selbststeuerung der Aufmerksamkeit und die Hemmung störender Impulse bzw. Bedürfnisse gemeint, sodass die Aufmerksamkeit ausreichend lange aufrechterhalten werden kann. Das Kind muss ebenfalls über ein ausreichendes Maß an Selbstbewusstsein verfügen, um angstfrei mit altersgemäßen sozialen Situationen und Lernanforderungen umzugehen. Es soll sich sowohl als Gruppenmitglied als auch als Individuum einfügen und behaupten können. Hierzu zählt auch, bei Misserfolgen genügend Frustrationstoleranz aufbringen zu können.

1.2   Lernvoraussetzungen und vorschulische Fähigkeiten in ihrer Bedeutung für das Lernen in der Schule

Das Ministerium für Schule, Jugend und Kinder des Landes NRW beschreibt in seiner Handreichung „Erfolgreich starten!", welche Voraussetzungen die Kinder beim Übertritt in die Grundschule mitbringen:

Der Schulanfang ist keine „Stunde Null". Sowohl im Elternhaus als auch in den Kindertagesstätten machen Kinder vielfältige Lernerfahrungen. Darauf baut schulisches Lernen von der Klasse 1 an auf. Mitentscheidend für den Lernerfolg ist auch die Gesundheit der Kinder, die durch die schulärztliche Untersuchung festgestellt wird.

Erfahrungen im Elternhaus und Kindergarten

Schulärztliche Untersuchung

Im Rahmen der Aufnahme in die Grundschule untersuchen die Kinder- und Jugendgesundheitsdienste der Gesundheitsämter – als unabhängige Einrichtungen – alle Kinder in NRW. Im Einzelnen hat die schulärztliche Untersuchung folgende individualmedizinische Funktion:

- *Erfassung des körperlichen Entwicklungsstandes einschließlich schwerwiegender körperlicher Erkrankungen,*

- *Diagnostik des Hör- und Sehvermögens,*

- *Identifikation von Kindern mit besonderem medizinischem Förderbedarf,*

Medizinischer Förderbedarf

- *Veranlassung, Koordination und Begleitung mit den niedergelassenen Haus- und Kinderärzten, eventuell auch Vermittlung von Maßnahmen der Jugendhilfe.*

Schulärztliche Gesundheitsprävention sozial benachteiligter Kinder

Nicht nur nach dem Schulrecht, sondern auch zur Milderung der Auswirkungen sozialer Ungleichheit auf die Gesundheit hat jedes Kind ein Anrecht auf eine schulärztliche Untersuchung. Sie erreicht alle Kinder, also auch diejenigen, die an den freiwilligen Früherkennungsmaßnahmen der kassenärztlichen Versorgung nicht regelmäßig teilnehmen. Das sind heute immer noch 30-40 % der Kinder. Erfahrungsgemäß benötigen gerade diese Kinder später spezielle Förderung.

Allgemeine Lernvoraussetzungen

Kinder sind neugierig, Kinder sind wissbegierig. Vor diesem Hintergrund gilt es, Kinder in ihrer Entwicklung und ihren allgemeinen Lernvoraussetzungen zu stärken.

Mädchen und Jungen stärken

Mädchen und Jungen haben zum Teil unterschiedliche Lernwege und Interessen, die sich auch auf das Lernen in der Schule auswirken. Entscheidende Auswirkungen wurden für die Entwicklung der Kompetenzen in der Sprache, in Mathematik und in den Naturwissenschaften festgestellt. Kindergarten und Grundschule sind deshalb aufgefordert, Mädchen und Jungen so zu fördern, dass sich für keines der beiden Geschlechter Benachteiligungen ergeben.

Viele Kinder haben vor der Einschulung reichhaltige Bewegungserfahrungen gesammelt. Sie sind sicher im Umgang mit Stift und Schere (…). Ihre Wahrnehmungsfähigkeit ist soweit entwickelt, dass sie in der Lage sind, neue Eindrücke mit ihren Vorerfahrungen zu verknüpfen.

Lernen allein und in der Gruppe ist gebunden an eine altersentsprechende Entwicklung des sozialen und emotionalen Verhaltens. Die Vorerfahrungen in Familie und Kindergarten können dazu beitragen, dass sich die Kinder ohne Probleme in der für sie neuen Sozialform einer Schulklasse zurechtfinden. Sie zeigen Einfühlungsvermögen und Offenheit im Umgang mit anderen, ein ausgewogenes Verhältnis zwischen Anhänglichkeit und Distanz, und können Konflikte bewältigen.

Voraussetzungen für den (Schrift-)Spracherwerb

Vielfältige Spracherfahrungen

Der Aufbau eines gesicherten Wortschatzes und der Erwerb der Schriftsprache werden heute als Entwicklungsprozess aufgefasst, der bei vielen Kindern bis zum Zeitpunkt der Einschulung unterschiedlich weit fortgeschritten ist. Dieser Prozess wird durch vielfältige Spracherfahrungen in Gang gesetzt, die im Kindergarten durch gezielte Impulse angeregt werden. Dazu gehört, dass die Kinder früh in für sie sinnvoller Weise erste Erfahrungen mit Lesen und Schreiben machen.

Die phonologische Bewusstheit ist eine zentrale Vorläuferfähigkeit für Lesen, Schreiben und Rechtschreiben. Es handelt sich dabei um die Fähigkeit, die Gliederungselemente der gesprochenen Sprache zu erkennen und vor allem die Laute in den Wörtern unterscheiden zu können. Wenn hier bereits im Kindergarten eine Fördernotwendigkeit erkannt und dementsprechend gefördert wird, wird sich dies auf den späteren Lernerfolg und die Lernfreude nachhaltig auswirken.

Phonologische Bewusstheit

Voraussetzungen für mathematisches Lernen

Mengen- und zahlbezogenes Wissen ist neben einem grundsätzlichen Wissen zu Raum-Lage-Beziehungen eine zentrale Vorläuferfähigkeit für [mathematisches Denken]. Die Förderung dieses Wissens bereits zu einem frühen Zeitpunkt trägt bei zu einem gelingenden Übergang in die Grundschule.

Mathematische Fähigkeiten

Voraussetzungen für naturwissenschaftliches Lernen

Erschließung der Lebenswelt

Die Kinder sollen so früh wie möglich die Gelegenheit haben, den Phänomenen und Dingen ihrer Lebenswelt bewusst zu begegnen. So können sich Denk- und Arbeitsweisen zu ihrer selbstständigen Erschließung entwickeln (…), der Kindergarten bietet hierfür hinreichend Erfahrungsräume an.
(Ministerium für Schule, Jugend und Kinder des Landes NRW, 2003, S. 9 ff.)

Die Darstellung auf der folgenden Seite fasst noch einmal übersichtlich die Kompetenzbereiche zusammen, die im Hinblick auf schulisches Lernen von Bedeutung sind (vgl. Ministerium für Schule, Jugend und Kinder des Landes NRW, 2003, S. 12):

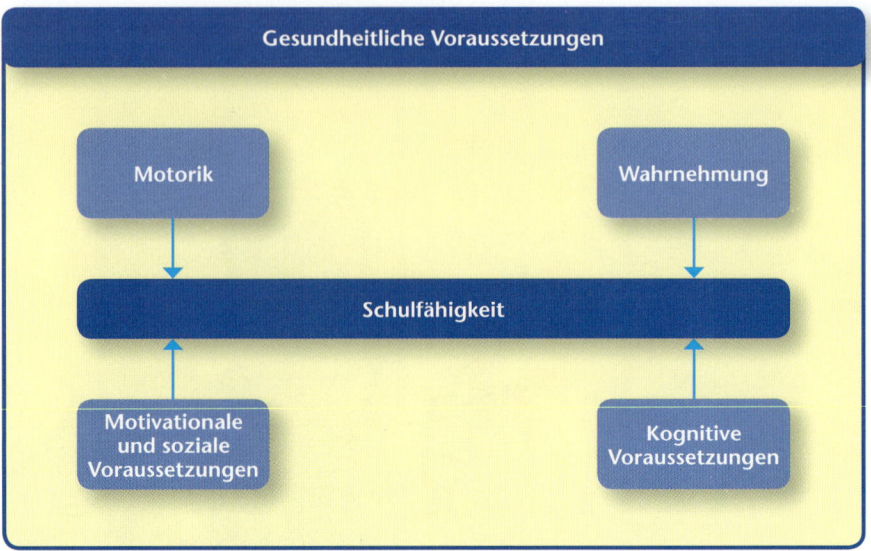

Das Schulfähigkeitsprofil stellt aus Sicht der schulischen Anforderungen in systematischer Form jene Kompetenzbereiche zusammen, die nach dem heutigen Stand der Wissenschaft als grundlegende Vorraussetzung für erfolgreiches Lernen gelten. Dabei greift es das auf, was in vielen Kindergärten und Grundschulen bereits Praxis ist. Es kann den pädagogischen Fachkräften in den Kindergärten und den Lehrkräften der Grundschulen Anregungen und Hinweise für das Erstellen von Förderplänen vor allem für jene Kinder geben, deren Schulfähigkeit noch nicht ausreichend entwickelt ist. (...)

Kinder lernen vom Beginn ihres Lebens an. Ihr Lernen wird gestärkt, wenn sie eine frühzeitige und nachhaltige Begleitung erfahren, die ihre natürliche Lernbegeisterung aufgreift und stützt. Diesem Ziel dient auch die Bildungsvereinbarung der Obersten Landesjugendbehörde mit den Trägerverbänden, die einen gemeinsamen Bildungsrahmen für den Elementarbereich darstellt. Sie ist für die Bildungsarbeit der Kindertageseinrichtungen die auch wissenschaftlich untermauerte Grundlage und ist auf Konkretisierung und Weiterentwicklung angelegt. Die Tageseinrichtungen entwerfen auf ihrer Grundlage eigenständige träger- und einrichtungsspezifische Bildungskonzepte. (...)

An der Nahtstelle zwischen Kindergarten und Grundschule geben sowohl die Bildungsvereinbarung als auch das Schulfähigkeitsprofil den pädagogischen Fachkräften in den Kindergärten sowie den Lehrerinnen und Lehrern in den Grundschulen eine Orientierung für gemeinsame Gespräche mit den Eltern. Da die pädagogischen Fachkräfte (...) neben der Entwicklung der Gesamtpersönlichkeit der Kinder auch ihre besonderen Fähigkeiten und Fertigkeiten kennen, können sie im Rahmen der Einschulung wichtige Informationen an die Grundschule weitergeben. Sie sind in diesem Prozess unverzichtbare Partner von Eltern und Grundschule.

Was das Schulfähigkeitsprofil nicht ist: eine „Checkliste", die etwaige Defizite durch Abhaken kenntlich macht.

(Ministerium für Schule, Jugend und Kinder des Landes NRW, 2003, S. 7, Reihenfolge geändert)

2 Wahrnehmung und ihre Bedeutung für das schulische Lernen

„Ein bewegendes
Leben für eine sinnvolle
Kindheit."

■ **Definition**
Unter Wahrnehmung wird die Fähigkeit verstanden, mit allen Sinnen verschiedene Reize aufzunehmen, diese zu unterscheiden und über Erfahrungen sowie Erinnerungen in einen Zusammenhang zu bringen.

An dieser Stelle scheint es uns wichtig zu erwähnen, dass die Wahrnehmung eines Einzelnen nicht klar definierbar ist. Die individuelle Wahrnehmung ist eine ganz persönliche Empfindung. Dies soll durch die folgenden Abbildungen verdeutlicht werden.

So ist es für den Einen im ersten Moment ganz klar, dass er auf der Abbildung die junge Dame sieht, während er beim zweiten Hinschauen auch die alte Hexe findet. Genauso ist es ebenfalls schon in der Praxis vorgekommen, dass einige der Betrachter auf den ersten und auch auf den zweiten Blick nur die alte Hexe erkennen.

Optische Täuschungen dieser Art zeigen eindeutig, wie subjektiv Wahrnehmung sein kann, und ermöglichen Rückschlüsse über die Verarbeitung von visuellen Reizen im Gehirn.

Lesetipp:

Zimmer, Renate: Handbuch der Sinneswahrnehmung: Grundlagen einer ganzheitlichen Bildung und Erziehung, 8. Auflage, Freiburg, Verlag Herder, 2005, 224 Seiten.

Der Mensch nimmt seine Umwelt durch sieben unterschiedliche Sinne wahr. Sie werden in Nah- und Fernsinne unterschieden.

Nahsinne
■ Das taktile System – der Tastsinn
■ Das vestibuläre System – der Gleichgewichtssinn
■ Das propriozeptive System – der Bewegungssinn
■ Das gustatorische System – der Geschmackssinn

Fernsinne

- Das visuelle System – der Sehsinn
- Das auditive System – der Hörsinn
- Das olfaktorische System – der Geruchssinn

Die Wahrnehmung ist ein Prozess, der bereits im Mutterleib beginnt. So bekommt das Ungeborene schon dort Informationen über das taktile, vestibuläre und propriozeptive System.

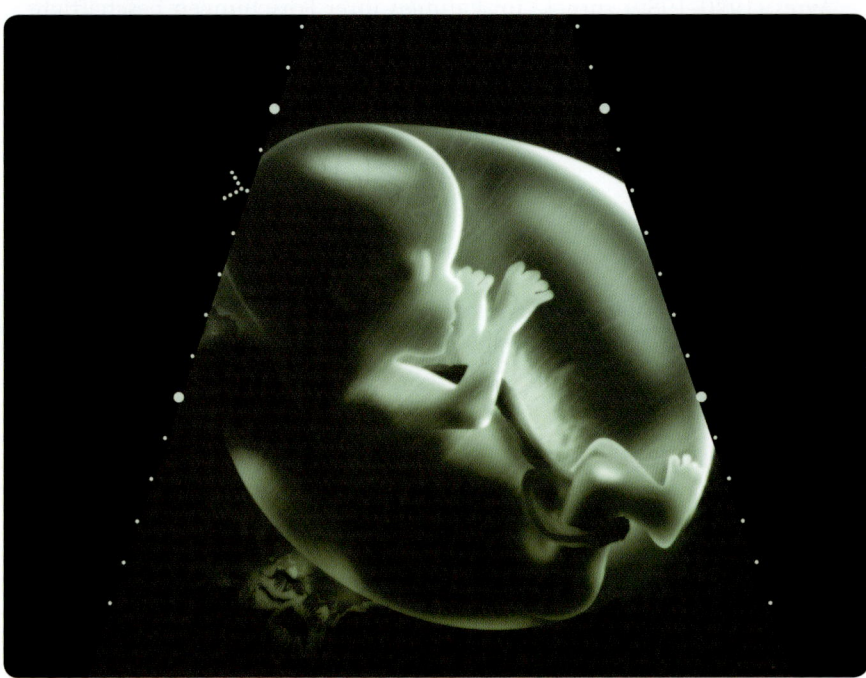

Auch die auditive Wahrnehmung ist im Mutterleib schon ausgeprägt. Das Ungeborene gewöhnt sich an die Stimme der Mutter und nimmt sie nach der Geburt als ein vertrautes Geräusch wahr.

Aus Erfahrungsberichten von Schwangeren kennt man, dass Ungeborene sich im Mutterleib durch Bewegung beruhigen lassen. Ob das Kind nun eher die ruhigen Schaukelbewegungen bevorzugt, wenn die Mutter zum Schwimmen geht, oder es erst dann zur Ruhe kommt, wenn die Mutter z. B. tanzt, hängt von den sich jetzt schon abzeichnenden Vorlieben des Ungeborenen ab.

Die taktile, die propriozeptive und die vestibuläre Wahrnehmung werden auch häufig unter dem Begriff „Basissinne" zusammengefasst.

Eine gesunde Wahrnehmung ist abhängig von einer Vielzahl von unterschiedlichen Reizen, von intakten Sinnesorganen und Nervenbahnen sowie einer gut funktionierenden sensorischen Integration.

■ Definition

Die sensorische Integration ist das Zusammenspiel verschiedener Sinne bei der Wahrnehmung der Umwelt, z. B. das Folgen eines sich bewegenden Objekts mit den Augen. Im Zentrum des Ansatzes steht die Annahme, dass komplexe Integrationsprozesse auf den unterschiedlichen Ebenen des Nervensystems die Basis für das Erfassen und Umgehen mit der Umwelt bilden. Dieser neurophysiologische Ansatz geht auf die Arbeiten der amerikanischen Ergotherapeutin und Psychologin Anna Jean Ayres (1920–1989) zurück. Im Rahmen ihrer Forschungen beschäftigte sie sich mit verschiedenen motorischen Störungen, die aus der fehlerhaften Verarbeitung sensorischer Informationen im Gehirn resultieren. Sie entwickelte die sensorische Integrationstherapie zur Verbesserung der sensorischen Integration.

Lesetipp:

Ayres, A. Jean: Bausteine der kindlichen Entwicklung: Die Bedeutung der Integration der Sinne für die Entwicklung des Kindes, 4. Auflage, Berlin/Heidelberg/New York, Springer-Verlag, 2008, 339 Seiten.

Kinder erkunden ihre Welt, indem sie sie über ihre Sinne aktiv wahrnehmen. Dabei nutzen sie das Sehen, Fühlen, Hören oder Schmecken, um sich mit ihrer Umwelt auseinanderzusetzen und sie in Bezug zur eigenen Person zu bringen. Vor diesem Hintergrund ist es wichtig, eine Umgebung zu schaffen, die es den Kindern ermöglicht, ihre Sinne auf vielfältige Weise auszuprobieren und ihr Bedürfnis nach Bewegung sowie selbstständigem Handeln auszuleben. Dadurch können motorische, soziale und kognitive Prozesse verbunden und die Verarbeitung sensorischer Informationen im Gehirn gefördert werden.

Merksatz
Das Greifen ist immer auch ein BeGreifen, das Fassen auch immer ein ErFassen.

Um einen genaueren Überblick über die Zuständigkeiten der verschiedenen Wahrnehmungsbereiche zu verschaffen, werden im folgenden Abschnitt diese isoliert voneinander betrachtet. Dabei darf man nicht vergessen, dass die Bereiche in der Realität eng miteinander verknüpft sind und sich gegenseitig beeinflussen.

Die Auflistung der Zuständigkeiten sollen die Erzieher/-innen sowie Pädagogen dabei unterstützen mögliche Ursachen von bestimmten Schwierigkeiten der Kinder festzustellen.

2.1   Visuelle Wahrnehmung

■ **Definition**
Unter visueller Wahrnehmung versteht man die Aufnahme von optischen Eindrücken sowie die Unterscheidung, Verarbeitung, angemessene Einordnung und Interpretation dieser Eindrücke. Das visuelle Sinnesorgan ist das Auge. Aufwändige Verknüpfungen im inneren Auge und die Verbindung zum Sehzentrum (visueller Cortex) ermöglichen uns das Sehen.

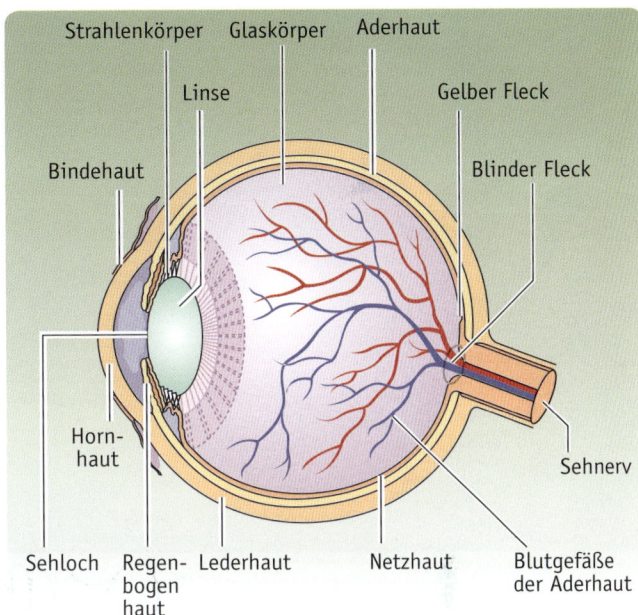

Die visuelle Wahrnehmung unterteilt sich in folgende verschiedene Bereiche:

Visuelle Figur-Grund-Wahrnehmung	Unter dem Begriff „visuelle Figur-Grund-Wahrnehmung" versteht man das bewusste Erkennen eines bestimmten Symbols aus einer Vielzahl von visuellen Reizen.
Visuomotorische Koordination	Darunter versteht man die Fähigkeit, das Sehen mit der Bewegung des Körpers oder einzelnen Körperteilen zu koordinieren.
Wahrnehmungskonstanz	Unter dem Begriff „Wahrnehmungskonstanz" versteht man die Fähigkeit, einen Gegenstand auch dann wiederzuerkennen, wenn sich dieser in einer anderen Position befindet und in einem anderen Kontext dargestellt wird.
Raumlage	Unter dem Begriff „Raumlage" versteht man die Fähigkeit, einen sich im Raum befindenden Gegenstand in Bezug zur eigenen Person zu bringen. So befindet sich der Ball beispielsweise neben, hinter oder unter dem Kind.
Wahrnehmung räumlicher Beziehungen	Die Wahrnehmung räumlicher Beziehungen ist die Fähigkeit, die Position von zwei oder mehreren Gegenständen in Bezug zueinander und zu sich selbst wahrzunehmen. Sie wird als Weiterentwicklung der Wahrnehmung der Raumlage verstanden.
Formwahrnehmung	Unter dem Begriff „Formwahrnehmung" versteht man die Fähigkeit, verschiedene geometrische Formen voneinander zu unterscheiden, sie wiedererkennen und zuordnen zu können.
Farbwahrnehmung	Unter dem Begriff „Farbwahrnehmung" versteht man das Erkennen und Unterscheiden von verschiedenen Farben.
Visuelles Gedächtnis	Darunter versteht man, Gesehenes wiedererkennen und wiedergeben zu können.

Schon mit etwa zwei Jahren kann ein Kind geometrische Formen erkennen.

Während der ersten Lebensjahre bevorzugen Kinder die Farben Rot und Gelb.

Visuelle Wahrnehmung und ihre Bedeutung für das schulische Lernen

Für das Schulkind ist es von besonderer Bedeutung, den Blick zur Tafel über einen längeren Zeitraum und ohne große Anstrengungen halten zu können (Augenmuskelkontrolle).

Ebenso muss es in der Lage sein, visuell zu selektieren und Wichtiges von Unwichtigem zu trennen. Auch beim Lesen und Schreiben kommt es darauf an, durch die angepasste Augenmuskelkontrolle die Zeilen einhalten zu können und somit nicht in den Zeilen zu verrutschen. Man kann nicht davon ausgehen, dass sich Kinder das Gelesene von der Tafel so lange merken können, bis sie es zu Papier gebracht haben.

> **Lesetipp:**
>
> *Beigel, Dorothea: Flügel und Wurzeln: Persistierende Restreaktion frühkindlicher Reflexe und ihre Auswirkungen auf Lernen und Verhalten, 4. Auflage, Dortmund, verlag modernes lernen, 2009, 222 Seiten.*

Zu berücksichtigende Maßnahmen in der Praxis

- Kinder mit Schwierigkeiten in der visuellen Wahrnehmung sollten möglichst tafelnah sitzen.

- Sie sollten möglichst frontal zur Tafel sitzen. Sitzordnungen, in denen sich das Kind zur Tafel wenden muss, sind eher nicht geeignet.

- Zur Unterstützung beim Lesen bieten sich Leselineale, Lesepfeile oder Lesefenster an. Diese erleichtern es dem Kind, in der jeweiligen Zeile zu bleiben und nicht zu verrutschen.

- Der Bereich rund um die Tafel sollte möglichst reizarm gestaltet werden, damit es dem Kind leichter fällt, den Blick auf das Wesentliche zu richten und auch dort zu halten.

- Bei der Wandfarbe des Klassenzimmers sollte darauf geachtet werden, dass keine zu grellen Farben benutzt werden. Auch ein schönes Weiß kann für empfindliche Augen unangenehm sein.

- Vergewissern Sie sich regelmäßig, ob auch der letzte Schüler des Klassenzimmers alles sehen kann. Beim Einsatz von verschiedenen Medien wie Tageslichtprojektoren oder Fernsehern sollten Sie überprüfen, ob sich die Sonne nicht zu sehr spiegelt.

2.2 Auditive Wahrnehmung

■ **Definition**

Unter auditiver Wahrnehmung versteht man die Aufnahme und Selektion von gehörten Reizen. Hierbei werden die Reize unterschieden, lokalisiert und in einen Bedeutungszusammenhang gebracht.

Das auditive Sinnesorgan befindet sich im Mittel- und Innenohrbereich, in räumlicher Nähe zum Gleichgewichtsorgan. Über das auditive System können wir Töne, Geräusche und Klänge wahrnehmen und unterscheiden bzw. lokalisieren. Eine funktionsfähige auditive Wahrnehmung ist die Voraussetzung für die Entwicklung der Sprache.

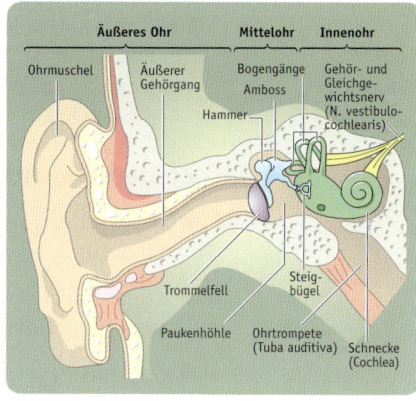

Die auditive Wahrnehmung unterteilt sich in folgende verschiedene Bereiche:

Auditive Serialität	Unter dem Begriff „Auditive Serialität" versteht man das Wahrnehmen und Erkennen von verschiedenen auditiven Reizen in ihrer Reihenfolge.
Auditive Figur-Grund-Wahrnehmung	Darunter versteht man das bewusste Erkennen eines bestimmten Geräuschs aus einer Vielzahl von akustischen Reizen.
Auditive Lokalisation	Dieser Begriff bezeichnet das räumliche Zuordnen eines bestimmten Geräuschs.
Auditive Diskrimination	Unter auditiver Diskrimination versteht man das Erkennen von Unterschieden zwischen Lauten und Tönen.
Auditive Merkfähigkeit	Unter auditiver Merkfähigkeit versteht man das Wiedererkennen und Wiedergeben von Gehörtem. Häufig wird es auch das auditive Gedächtnis genannt.
Verstehen des Sinnbezugs	Dieser Bereich umfasst das Verstehen und inhaltliche Zuordnen des Gehörten.

Auditive Wahrnehmung und ihre Bedeutung für das schulische Lernen

Eine funktionierende auditive Wahrnehmungsfähigkeit stellt die Grundlage für den Spracherwerb dar. Demzufolge kann eine Beeinträchtigung in diesem Wahrnehmungsbereich negative Auswirkungen auf den Schriftspracherwerb und das Denken haben. Im alltäglichen Geschehen im Klassenzimmer ist das Kind ständig unterschiedlichen auditiven Reizen ausgesetzt und muss daher in der Lage sein, diese zu selektieren und in einen Bedeutungszusammenhang setzen zu können (auditive Figur-Grund-Wahrnehmung).

In diesem Zusammenhang ist auch die auditive Merkfähigkeit zu nennen, die es dem Kind ermöglicht, das Lesen zu erlernen. Sie ist dafür zuständig, Gehörtes zu speichern, wiederzuerkennen und abzurufen. So erlangt das Kind die Fähigkeit, sich die Reihenfolge von Buchstaben und sich daraus bildenden Wörtern zu merken.

Zu berücksichtigende Maßnahmen in der Praxis

- Bei Kindern mit Schwierigkeiten in der auditiven Wahrnehmung ist darauf zu achten, diese möglichst frontal und direkt anzusprechen.

- Diese Kinder benötigen eine weitaus höhere Anzahl an Wiederholungen, um die gehörten Laute oder Wörter zu speichern und zu verinnerlichen.

- Sie sollten möglichst frontal zur Tafel sitzen, um somit die Aufmerksamkeit auf die Lehrperson besser halten zu können.

- Wichtig ist es, die Geräuschkulissen zu minimieren. Natürlich geht es in einem Klassenzimmer auch schon einmal lauter zu, dennoch kann der Bagger von der Baustelle vor dem Klassenzimmerfenster ebenfalls eine zusätzliche Belastung darstellen. Also Fenster schließen!

2.3   Vestibuläre Wahrnehmung

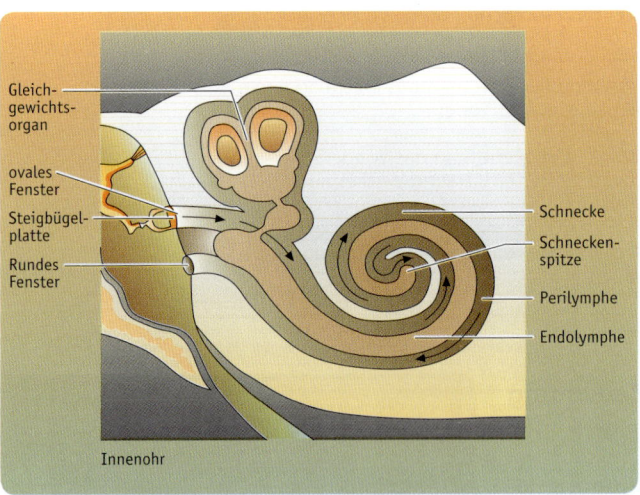

Gleich-
gewichts-
organ

ovales
Fenster

Steigbügel-
platte

Rundes
Fenster

Innenohr

Schnecke

Schnecken-
spitze

Perilymphe

Endolymphe

- **Definition**
Unter vestibulärer Wahrnehmung versteht man in erster Linie die Aufrichtung des Körpers gegen die Schwerkraft, ohne diese ist eine koordinierte Bewegung nicht möglich. Das Gleichgewichtsorgan befindet sich im knöchernen Labyrinth des Innenohrs. Die Verarbeitung vestibulärer (den Gleichgewichtssinn betreffende) und propriozeptiver (die Eigenwahrnehmung betreffende) Informationen beeinflusst die Kontrolle der Augenbewegungen sowie der Hals- und Nackenmuskulatur. Die Kontrolle der Nackenmuskulatur ermöglicht es, dass das Kind den Kopf heben und halten kann. Die Kontrolle der Augenbewegungen ermöglicht dem Kind, einem Gegenstand mit den Augen zu folgen. Dies ist wichtig für die Auge-Hand-Koordination und das spätere Lesen.

Die vestibuläre Wahrnehmung unterteilt sich in folgende verschiedene Bereiche:

Orientierung im Raum	Die Orientierung im Raum gelingt über das Erfassen der Lage des eigenen Körpers im Raum sowie die Einschätzung dessen Verhältnisses zu anderen Körpern.
Wahrneh-mung linearer Beschleunigung	Darunter versteht man die Erfassung der Geschwindigkeit und Richtung von Bewegungen des eigenen Körpers auf geraden Strecken.
Wahrnehmung von Dreh-beschleunigungen	Dieser Bereich befasst sich mit dem Erfassen der Geschwindigkeit und Richtung des eigenen Körpers bei Rotationsbewegungen.

Vestibuläre Wahrnehmung und ihre Bedeutung für das schulische Lernen

Das vestibuläre System sichert sowohl die aufrechte Sitzposition des Kindes im Klassenzimmer als auch die Orientierung im Raum. Ein gut funktionierendes vestibuläres System ermöglicht es dem Kind, sich immer wieder im Raum zurechtzufinden und in Sekunden den Blick zur Tafel wieder aufzunehmen.

Kinder mit Auffälligkeiten im vestibulären System zeigen häufig eine mangelnde Raumvorstellung sowie Schwierigkeiten in der posturalen Kontrolle. Unter postularer Kontrolle versteht man das Aufrechthalten des Rumpfes sowie die Fixierung gewisser Punkte im Raum durch das Drehen des Kopfes.

Ebenso ist häufig das Schreiben in Linien erschwert, da eine differenzierte Blickregulation durch Ausgleichsbewegungen des Rumpfes gestört wird.

Zu berücksichtigende Maßnahmen in der Praxis

- Kinder mit Schwierigkeiten in der vestibulären Wahrnehmung können selten über einen längeren Zeitraum sitzen bleiben. Solche Kinder benötigen häufiger als andere Kinder während des Unterrichts Bewegungseinheiten, um sich danach wieder auf den Unterrichtsinhalt konzentrieren zu können.

- Einige Kinder nehmen gern den Vorschlag an und wählen eine alternative Sitzgelegenheit wie z. B. den Sitzball oder andere ergonomische Sitzmöglichkeiten.

Tischhöhe ■ Es ist darauf zu achten, dass gerade solche Kinder eine optimale Einstellung der Stuhl- und Tischhöhe haben.

■ Bei speziellen Unterrichtsangeboten wie z. B. der Freiarbeit tut es den Kindern oftmals sehr gut, bodennahe Aktivitäten zu machen, d. h., Sie können die Kinder in solchen Situationen auch einmal am Boden arbeiten lassen.

2.4 Propriozeptive Wahrnehmung

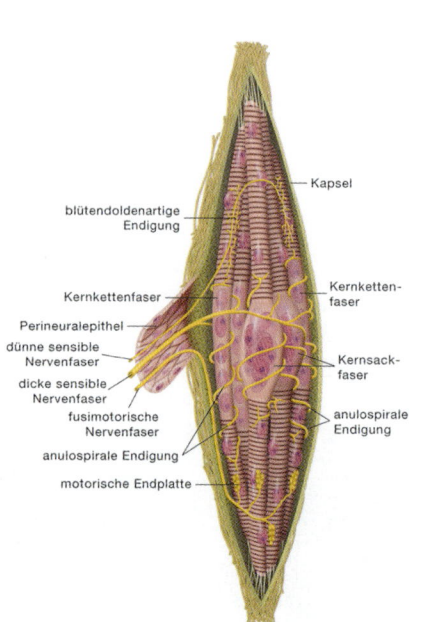

Kapsel

blütendoldenartige
Endigung

Kernkettenfaser

Kernketten-
faser

Perineuralepithel

dünne sensible
Nervenfaser

dicke sensible
Nervenfaser

Kernsack-
faser

fusimotorische
Nervenfaser

anulospirale
Endigung

anulospirale Endigung

motorische Endplatte

■ **Definition**
Unter propriozeptiver Wahrnehmung (auch als kinästhetische Wahrnehmung oder Tiefensensibilität bekannt) versteht man die Wahrnehmung von Gelenkpositionen sowie Körperbewegungen über Gelenkrezeptoren und Muskelspindeln, nicht über das Auge. Sie liefert uns Informationen über die Positionierung unseres Körpers im Raum und einzelner Körperteile zueinander (Entwicklung des Körperschemas, siehe auch taktile und vestibuläre Wahrnehmung). Diese Informationen des propriozeptiven Systems bilden die Grundlage für motorisches Handeln bzw. Planen. Sie beeinflussen das Erlernen sowohl von grobmotorischen (z. B. Gehen) als auch feinmotorischen (z. B. das Schreiben in Linien) Bewegungsabläufen. Meist sind uns diese gesendeten Informationen nicht bewusst. Wenn wir unbewusst geplante Bewegungen wie z. B. Gehen oder Essen ausführen wollen, ist eine regelmäßige und genaue Rückmeldung über Muskelspannung und Gelenkstellung jedoch unerlässlich. Ein Kind mit einer gesunden propriozeptiven, taktilen und vestibulären Wahrnehmung entwickelt ein intaktes Körperschema.

Die propriozeptive Wahrnehmung unterteilt sich in folgende verschiedene Bereiche:

Stellungssinn	Der Stellungssinn ermöglicht es uns, ohne visuelle Kontrolle eine Vorstellung über die Position unseres Körpers und unserer Gelenke zu verschaffen. So können wir beispielsweise auch in einem dunklen Raum ein Glas Wasser zum Mund führen, ohne etwas zu verschütten.
Bewegungssinn	Der Bewegungssinn ermöglicht uns ein Bewusstein über Veränderungen der Gelenkstellung.
Kraftsinn	Der Kraftsinn ermöglicht es uns, einen angemessenen Kraftaufwand abzuschätzen, um eine bestimmte Bewegung durchführen zu können.
Spannungssinn	Der Spannungssinn gibt uns Rückmeldung über den Grad der Spannung in unseren Muskeln und ermöglicht es uns somit, willentlich darauf einzuwirken.

Propriozeptive Wahrnehmung und ihre Bedeutung für das schulische Lernen

Die Propriozeption ist das erste räumliche Vorstellungsbild, das das Kind entwickelt. Diese Erfahrungen werden später im schulischen Alltag wie z. B. beim Schreiben von Zahlen und Ziffern sowie beim Malen von Formen übertragen.

Das Bewusstsein der rechten und linken Körperhälfte, das Einhalten von Arbeitsrichtungen (z. B. das Schreiben von links nach rechts) und die Orientierung im Zahlenraum können davon profitieren.

Werden bestimmte Prozesse bevorzugt von den Organen oder Gliedmaßen einer Körperseite verarbeitet, z. B. das Schreiben, Essen, Malen usw. mit der rechten Hand, wird das als Lateralität (Seitigkeit) bezeichnet.

Dabei ist die Auswirkung eines unzureichend ausgeprägten Körperschemas auf das Wohlbefinden und Arbeitsverhalten des Kindes nicht zu unterschätzen.

Ein unangepasster Muskeltonus (Hypotonie und Hypertonie) erschwert dem Kind ein länger andauerndes ruhiges Sitzen und konzentriertes Arbeiten. Durch häufiges Verändern der Sitzposition sowie Hin- und Herschaukeln auf dem Stuhl verschafft sich das Kind unbewusst die fehlenden Rückmeldungen über Sehnen, Muskeln und Gelenke.

Zu berücksichtigende Maßnahmen in der Praxis

- Kinder mit Schwierigkeiten in der propriozeptiven Wahrnehmung benötigen oftmals mehr Übungen im grafomotorischen Bereich. Das großflächige Schwingen und Überkreuzen der Körpermittellinie sind dafür sehr geeignet.

- Vorgeschriebene Zahlen und Buchstaben mit vorgegebener Pfeilrichtung eignen sich gut zur Verinnerlichung der Schreibrichtung. Die Vorgabe der eigentlichen Zahl bzw. des eigentlichen Buchstabens sollte hierbei nach und nach minimiert werden.

- Kinder mit Schwierigkeiten in der propriozeptiven Wahrnehmung können selten über einen längeren Zeitraum sitzen bleiben. Solche Kinder benötigen häufiger als andere Kinder während des Unterrichts Bewegungseinheiten, um sich danach wieder auf den Unterrichtsinhalt konzentrieren zu können.

- Einige Kinder nehmen gern den Vorschlag an und wählen eine alternative Sitzgelegenheit wie z. B. den Sitzball oder andere ergonomische Sitzmöglichkeiten.

- Es ist darauf zu achten, dass gerade solche Kinder eine optimale Einstellung der Stuhl- und Tischhöhe haben.

2.5 Taktile Wahrnehmung

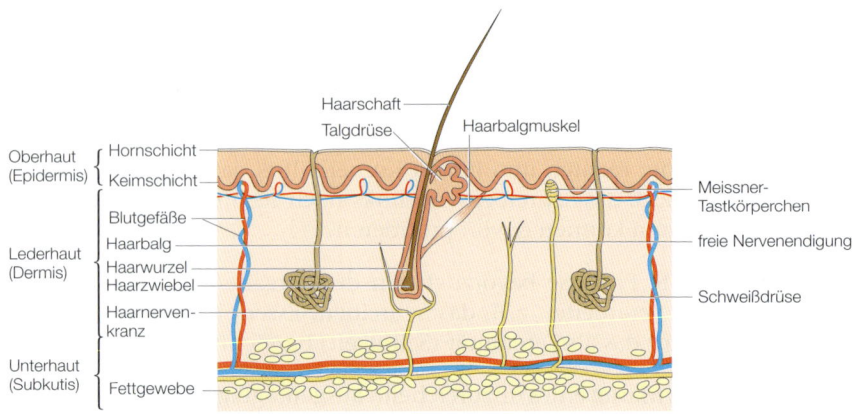

> ■ **Definition Anfang**
>
> Unter der taktilen Wahrnehmung versteht man den Tastsinn über die Haut. Es ist das flächenmäßig größte Sinnessystem des Menschen, das ihn umhüllt und schützt. Die taktile Wahrnehmung reagiert auf Informationen, die über die Haut empfangen werden. Dazu gehören: Druck, Berührung, Temperatur und Schmerz.
>
> Die taktile Wahrnehmung verfeinert sich im Laufe der Zeit und ermöglicht es uns, eine Differenzierung der taktilen Reize vorzunehmen. Somit unterscheiden wir nicht nur zwischen Druck und keinem Druck, sondern auch zwischen unterschiedlichen Qualitäten von Materialien und Gegenständen.
>
> Ebenso erfährt das Kind durch die differenzierte taktile Wahrnehmung eine immer genauere Vorstellung von seinem Körper, die für das spätere Lernen in der Schule wichtig ist.

Die taktile Wahrnehmung unterteilt sich in folgende verschiedene Bereiche:

Berührungswahrnehmung	Die Berührungswahrnehmung ermöglicht es uns, passiv Reize wahrzunehmen wie z. B. durch Streicheln und Massieren.
Erkundungswahrnehmung	Die Erkundungswahrnehmung ermöglicht es uns, aktiv einen Gegenstand mit der Hand zu ertasten: Wie ist seine Oberflächenbeschaffenheit? Ist sie fest, weich usw.?
Temperaturwahrnehmung	Die Temperaturwahrnehmung ermöglicht es uns, sowohl durch direkten Hautkontakt als auch durch die Registrierung der Lufttemperatur kalt und heiß wahrzunehmen.
Schmerzwahrnehmung	Die Schmerzwahrnehmung ermöglicht es uns, schmerzhafte Berührungen als eine Reizinformation zu erfassen.

Taktile Wahrnehmung und ihre Bedeutung für das schulische Lernen

Besonders für Kinder, die taktil überempfindlich sind, kann allein die Nähe zum Banknachbarn zu einer Ablenkung und verringerten Konzentration führen. Sie spüren sehr sensibel die Nähe des Mitschülers, da die taktilen Reize nicht ausreichend gehemmt werden.

Das Körperschema steht in engem Zusammenhang mit der taktilen Wahrnehmung. Je differenzierter die Taktilität ist, umso klarer sind die auf den Körper bezogenen Empfindungen.

Zu berücksichtigende Maßnahmen in der Praxis

■ Achten Sie darauf, dass solche Kinder nicht zu enge Kleidung tragen. Ebenso werden Strumpfhosen und Halstücher häufig als unangenehm empfunden.

■ Oft stellt der flüchtige Körperkontakt zum Banknachbarn schon eine unerträgliche Situation für das Kind dar. Sorgen Sie dafür, dass es genügend Platz zum freien Arbeiten hat.

■ Ebenso sollten Sie auf liebevoll gemeinten Körperkontakt im Sinne von Handauflegen auf die Schulter verzichten.

2.6   Praxie

> ■ **Definition**
> Praxie beschreibt die Fähigkeit, organisatorische Abläufe kognitiv zu er-
> fassen, zu sortieren und in eine sinnvolle Reihenfolge zu bringen. Danach
> gilt es, dies in Bewegungsabläufen umzusetzen. Praxie wird auch häufig
> als Handlungsplanung beschrieben.

Praxie und ihre Bedeutung für das schulische Lernen

Die Handlungsplanung ist für das Schulkind Grundvoraussetzung, um Arbeitsanweisungen in eine sinnvolle Reihenfolge zu bringen und diese anschließend auch situationsgerecht umzusetzen.

Besonders beim selbstständigen Arbeiten im Schulalltag ist eine angemessene Handlungsplanung wichtig und unerlässlich.

Die gute Organisation von Arbeitsmitteln und Abfolge von Arbeitsschritten erleichtern dem Kind das Lernen, da es sich auf die wesentlichen Aspekte im Unterricht konzentrieren kann.

Zu berücksichtigende Maßnahmen in der Praxis

- ■ Geben Sie dem Kind weitestgehend Unterstützung in alltäglichen Ordnungsstrukturen.

- ■ Symbole oder Bilder im Garderobenbereich bieten dem Kind Orientierungs- und Strukturierungshilfen im Alltag.

- ■ Auch Namensschilder auf den Stühlen bieten Orientierung und Sicherheit.

- ■ Geben Sie dem Kind genügend Zeit, eine Handlung auszuführen und in Ruhe zu beenden.

- ■ Farblich markierte Ordner bieten ebenfalls eine gute Orientierung.

- ■ Bieten Sie dem Kind regelmäßig an, gemeinsam mit Ihnen den Arbeitsplatz aufzuräumen und die Schultasche zu sortieren.

- ■ Machen Sie das Kind darauf aufmerksam, wenn sein Arbeitsplatz zu voll ist. Minimieren Sie die Gegenstände auf dem Tisch.

- ■ Schaffen Sie auch Ordnung in Ihrem Tagesablauf und gestalten Sie Tagesabläufe möglichst gleich.

- ■ Seien Sie ein Vorbild und halten auch Sie Ihr Lehrerpult möglichst aufgeräumt und übersichtlich.

3 Bewegung und ihre Bedeutung für das schulische Lernen

„Nichts in der Welt
ist stärker als eine
Idee, für die die Zeit
gekommen ist."

Victor Hugo

Jeder von uns ist ständig in Bewegung und ohne Bewegung würden wir nicht existieren:

- Unser Herz schlägt Tag und Nacht.

- Unsere Augenlider schlagen millisekündlich auf und zu und schützen uns vor Licht und Staub.

- Unsere Lungenflügel weiten und verengen sich, um uns das Atmen zu ermöglichen.

All diese Prozesse der Bewegung finden tagein, tagaus statt, ohne dass wir darüber nachdenken oder uns daran erinnern müssen. Durch Bewegungen sind wir lebensfähig und durch sie gelangt eine Vielzahl von Reizinformationen in unser Gehirn, die dort in Form von Empfindungen, Gedanken oder weiteren Bewegungen weitergeleitet werden.

Nun ist es schwierig, eine Definition für den Begriff „Bewegung" zu formulieren. Denn wenn wir einmal genau überlegen, kommt Bewegung in vielerlei Bereichen vor.

Eine Bewegung kann ein politisches oder religiöses Zusammentreffen von verschiedenen Menschen und Kulturen oder das Vorwärtskommen im Sinne vom Überwinden einer bestimmten Strecke sein. Noch viele weitere Beispiele für den Begriff „Bewegung" könnten an dieser Stelle aufgezählt werden, doch würde dies möglicherweise dazu führen, dass sich dieser Abschnitt in eine falsche Richtung „bewegt".

In unserem Fall als Motopädinnen macht es natürlich Sinn, wenn wir zur Bewegung die körperliche Komponente genauer betrachten. Dabei wird klar, dass menschliche Bewegung weit mehr beinhaltet.

- **Definition**
  In der sportwissenschaftlichen Definition werden menschliche Bewegungen als „Produkte von sensomotorischen Leistungen als Ortsveränderungen des ganzen Körpers oder seiner Teile in Raum und Zeit sichtbar" (Jonath, 1988, S. 43).

Der Stand der motorischen Entwicklung ist abhängig von der Entwicklung des Nervensystems, des Knochenbaus und der Muskulatur. Man unterscheidet allgemein zwischen Grobmotorik (Körperbeherrschung) und Feinmotorik (Bewegungsfähigkeit). Für das schulische Lernen sind Grob- und die Feinmotorik von besonderer Wichtigkeit.

◼ Definition

Grobmotorik

Unter Grobmotorik versteht man die Fähigkeit, großräumige Bewegungen ziel- und situationsgerecht auszuführen. Die Entwicklung der Grobmotorik ist z. B. durch Beobachtungen bei Bewegungsausführungen feststellbar: Ist das Kind sicher im Laufen und Gehen? Wie sicher ist es bei Aktivitäten wie Seilspringen und Ballspielen?

Feinmotorik

Unter Feinmotorik versteht man isolierte, differenzierte Bewegungen innerhalb von ein- bis zwei Gelenken. Der Entwicklungsstand der Feinmotorik ist ebenfalls von großer Bedeutung für einen erfolgreichen Schulbesuch, da der gesamte Schreiblernprozess auf dieser Funktion aufbaut. Erkennbar ist die Ausbildung des Entwicklungsstands beim Malen, Basteln, Kleben, Ausschneiden usw.: Wie hält das Kind den Stift, wie die Schere? Wie lange kann es dabei verweilen?

Die oben aufgeführten Bereiche stellen eine Grundlage für ein erfolgreiches Lernen dar. Zudem geben sie uns Informationen über den momentanen Entwicklungsstand des Kindes. Sie lassen auch vorsichtige Rückschlüsse auf hirnphysiologische Reifungsprozesse zu.

4 Momentaner Stand der durchgeführten Diagnostik und Ausgangspunkt für das Beobachtungsverfahren

„Erzähle mir
und ich vergesse.
Zeige mir
und ich erinnere.
Lass es mich tun
und ich verstehe."

Konfuzius

Fördern und Fordern

Für die Diagnostik im Vorschul- und Schuleingangsbereich lassen sich, wie bereits erwähnt, keine einheitlichen Durchführungsweisen feststellen. Der persönliche Austausch mit Kindertagesstätten bestätigte, dass die Form der Förderung doch sehr weit auseinandergeht. So werden sogenannte Vorschulgruppen in den Tagesstätten separat gefördert. In diesen Vorschulgruppen werden mit den Kindern verschiedene kognitive Fähigkeiten erarbeitet. Hier sollen die Kinder beispielsweise Bildreihen ergänzen oder Bildergeschichten in eine sinnvolle Reihenfolge bringen.

Doch bei genauerer Betrachtung scheint die Frage durchaus berechtigt, ob die gemeinsame Erarbeitung von Arbeitsblättern wirklich eine Förderung der Kinder darstellt. Die meisten Tagesstätten orientieren sich lediglich an den kognitiven Kriterien des Schulfähigkeitsprofils, um die Kinder so auf die Schule und deren Anforderungen vorzubereiten.

Diese Situation und persönlichen Erfahrungen haben wir zum Anlass genommen, ein ganzheitliches Beobachtungsverfahren zu entwickeln, da wir der Meinung sind, dass es wichtige Basisfertigkeiten gibt, deren Entwicklung und Ausbildung erst die Voraussetzungen schaffen, um kognitive Förderung wirklich fruchtbar werden zu lassen.

Die in unserem Beobachtungsverfahren ausgewählten Basisfertigkeiten erachten wir als wichtige mitzubringende Fähigkeiten zur positiven Bewältigung des Schulalltags. Basierend auf den Ausführungen in Kapitel 2 und 3 richten wir unser Hauptaugenmerk in unserem Verfahren auf den Entwicklungsstand des Kindes bei der Wahrnehmung und Bewegung, da wir hier die grundlegenden Kompetenzen in der erfolgreichen Entwicklung des Kindes sehen.

Ein wichtiger Unterschied zwischen unserem und anderen Verfahren liegt darin, dass man aufgrund der Ergebnisse gezielt an den Basisfertigkeiten ansetzen kann, die dem Kind in der Schule das Lernen erleichtern.

Es ist uns wichtig an dieser Stelle zu erwähnen, dass bei einer Feststellung von Förderbedarf bei einem Kind interdisziplinäre Maßnahmen mit zu berücksichtigen sind. So können oder müssen in manchen Fällen sozialpädiatrische Zentren oder Kinderärzte in die Förderung mit einbezogen werden. *Interdisziplinäre Arbeit*

Ebenso muss überprüft werden, ob sich die Aussagen des Beobachtungsverfahrens über die Fähigkeiten des Kindes mit dem Verhalten in anderen Situationen decken. Nur so können aussagekräftige Informationen über das Kind entstehen und es kann in seiner Ganzheit als Individuum wahrgenommen werden.

Hierfür wäre es ratsam, nach der Durchführung eines Beobachtungsverfahrens die Eltern über das Ergebnis in Kenntnis zu setzen. Diese sollten es sich dann wiederum zur Aufgabe machen, ihr Kind in Alltagssituationen daraufhin zu beobachten und im Austausch mit der Einrichtung zu bleiben.

Durch den politischen Entschluss von NRW-Schulministerin Barbara Sommer wurde 2005 die Verschiebung des Einschulungsalters beschlossen. Somit wird seit dem Schuljahr 2007/2008 schrittweise der Stichtag für die Einschulung alle zwei Jahre um einen Monat vorverlegt. Zum Schuljahr 2014/2015 wird diese Umstellung abgeschlossen und jedes Kind mit fünf Jahren eingeschult sein. *Einschulung mit fünf Jahren?!*

Es ist nun noch wichtiger geworden, die Kinder frühzeitig auf schulische Anforderungen vorzubereiten. Ein Schonraum für Kinder, die noch nicht bereit sind, den Schulalltag zu bewältigen, könnte es demnach in Zukunft nicht mehr geben. Natürlich kann in den Kindertagesstätten noch früher mit einer individuellen kindgerechten Förderung begonnen werden, doch verlangt diese Entscheidung auch ein Umdenken an den Schulen.

So muss das Thema „Frühkindliche Förderung im Bereich der benötigten Basisfertigkeiten" auch im Erstunterricht einen Platz finden, um der Entwicklung der Kinder Raum und Zeit zu geben. Denn auch wenn eine frühzeitige Förderung eine bessere Basis für den Schulalltag bietet, brauchen Kinder Zeit, die von ihnen abverlangten Fähigkeiten zu erlernen und zu entwickeln. Eine Verschiebung des Einschulungsalters bedeutet keineswegs eine Verschiebung des Entwicklungsalters.

Frühkindliche Entwicklung

Bezogen auf die frühkindliche Entwicklung kann man an dieser Stelle auf das epigenetische Prinzip Erik H. Eriksons verweisen, das besagt, dass die menschliche Entwicklung sich in aufeinander aufbauenden Stufen oder Phasen vollzieht. Die Phasen haben eine festgelegte Reihenfolge und lassen sich zeitlich voneinander abgrenzen. Spätformen von vorangegangenen Phasen werden auch in den nächsten Phasen weitergeführt und gefestigt. Die Entwicklungsaufgaben muss der Mensch mithilfe der Umwelt und der Erziehung bewältigen, um eine gesunde Entwicklung durchzumachen.

Möglicherweise greift die Entscheidung über eine Einschulung mit fünf Jahren zu sehr in diesen Ablauf ein, da Entwicklungsthemen, die für die schulische Laufbahn wichtig sein können, bei einigen Kindern noch nicht abgeschlossen sind.

Stufe						Alter
4. Stufe	Werksinn vs. Minderwertigkeit	Latenzperiode	Spätformen der 4. Stufe			6 Jahre bis Pubertät
3. Stufe	Initiative vs. Schuld	phallische Phase	Spätformen der 3. Stufe	→		3–6 Jahre
2. Stufe	Autonomie vs. Scham und Zweifel	anale Phase	Spätformen der 2. Stufe	→	→	1½–3 Jahre
1. Stufe	Urvertrauen vs. Urmisstrauen	orale Phase	Spätformen der 1. Stufe	→	→	→	0–1½ Jahre

Darstellung der psychologischen Entwicklung nach Erikson von der Geburt bis zur Pubertät

**5   Der Aufbau
des Beobachtungs-
verfahrens „Kuck"**

„Unser Kopf ist rund,
damit das Denken
die Richtung wechseln
kann."
Francis Picabia

Zu berücksichtigende Faktoren für ein Beobachtungsverfahren

Um einen neuen „Schuleingangstest" für den motorischen Bereich zu entwickeln, scheint es wichtig, diesen *nah* an die realen Bedingungen, Gegebenheiten und Interessen des betreffenden Klientels anzupassen.

Die institutionellen Ressourcen reichen bei den meisten Schulen und Kindergärten nicht über ein einfaches Klassenzimmer als „Setting" für die Untersuchung hinaus. Aus diesem Grund wurde bei der Entwicklung des Beobachtungsverfahrens auf eine großzügige Raum- und Platzkalkulation verzichtet und versucht, dem Raum mit kleinen „Tricks" eine angenehme Atmosphäre zu verleihen.

Der materielle Aufwand befindet sich in einem kostengünstigen und praktikablen Rahmen, um ihn so an den Schulen und Kindergärten umsetzen zu können. Überteuerte Anschaffungen seitens der Schule oder des Kindergartens bleiben somit erspart.

Der Name „Kuck" entstand aus den vier Vornamen der Projektgruppenteilnehmer.

Das Beobachtungsverfahren „Kuck" ist in eine Geschichte eingebunden, die sich an der Erlebnis- und Vorstellungswelt der Kinder orientiert. Die Idee zu unserer Geschichte entwickelte sich aus den Interessen der Kinder. Die Faszination des Themas „Weltraum und außerirdische Dinge" nahmen wir zum Anlass, um eine entsprechende Geschichte zu entwickeln.

Es war uns wichtig, dass sich die Kinder mit viel Freude sowie ohne Angst und Druck zu den einzelnen Aufgaben bewegen konnten. Durch die kindgerechte Aufmachung sowie durch Fantasie, Farben und Beschaffenheit weist das Beobachtungsverfahren einen hohen Aufforderungscharakter auf.

Die Idee, ein Beobachtungsverfahren in eine Geschichte einzubinden, macht es den Kindern möglich, in andere Rollen zu schlüpfen. Dadurch bewegen sie sich frei und ohne Scham. Trotz einer eingenommenen Rolle ist dies eine gute Methode, um viele Informationen über das Kind sammeln zu können. Die zusammenhängende Geschichte ermöglicht es der Pädagogin bzw. dem Pädagogen, über die Beobachtungsmerkmale hinaus das emotionale und soziale Verhalten der Kinder zu sehen.

Umsetzung des Beobachtungsverfahrens

Die Geschichte des Raumschiffs „Kuck" im Weltall (ab S. 38) wird den Kindern vorgelesen. Sie ist in insgesamt zehn einzelne Abschnitte unterteilt. Passend zu den Stationen des Abenteuers müssen die Kinder gemeinsam mit der Erzieherin bzw. dem Erzieher verschiedene Aufgaben erfüllen, die ab S. 42 ausführlich beschrieben werden. Diesen Aktivitäten liegen immer schwerpunktmäßig mehrere Basisfertigkeiten aus den Bereichen Wahrnehmung und Motorik zugrunde (siehe Kapitel 2 und 3), d.h., dabei werden von den Kindern jeweils bestimmte Fähigkeiten verlangt, die erfolgreich umgesetzt werden sollen. Beispielsweise müssen die Kinder bei der zweiten Aufgabe (siehe S. 44 f.) das Raumschiff starten, indem sie sich mit angespanntem Körper um die eigene Achse rollen. Anhand festgelegter (differenzierter) Beobachtungsmerkmale und -schwerpunkte kann die Erzieherin bzw. der Erzieher erkennen, ob und in welchen Bereichen das Kind u. U. Förderbedarf hat.

Im Anschluss an die Geschichte können Sie diese Beobachtungen dann mithilfe des Beobachtungsbogens (siehe Anhang, S. 90) zu jedem einzelnen Kind festhalten und im Hinblick auf die Schulfähigkeit auswerten. Dazu helfen Ihnen die Punkte, die an die einzelnen Merkmale vergeben wurden.

Die Punkte sind dabei nicht als „Wertezahlen" zu verstehen. Sie dienen zur Verschaffung eines Überblicks, ob das Kind die Aufgabe komplett richtig durchführen oder ob es die Aufgabe nur zum Teil oder gar nicht bewältigen konnte.

Beispiel: 3 Punkte: Die Aufgabe wurde vollständig und ausgesprochen gut gelöst.
2 Punkte: Die Aufgabe zum Teil gut gelöst.
1 Punkt: Die Aufgabe konnte nicht gelöst werden.

Im Rahmen der Beobachtungen ist es u. U. sinnvoll, die Gruppe auf zwei bis vier Kinder zu begrenzen.

Unsere Erfahrungen in der Arbeit mit dem Beobachtungsverfahren zeigten, dass die Kinder auch nach der Durchführung noch gern einen Ausflug ins Weltall unternahmen.

6 Raumschiff „Kuck" auf dem Weg durch die Galaxie

„Bewegung ist Leben –
Leben ist Bewegung."

Josef Voglsinger

Das Raumschiff „Kuck" steht bereit, um mit dir weit in das Weltall zu fliegen, damit du dort auf einem fremden und unbekannten Planeten spannende Abenteuer erleben kannst.

Wenn du bereit bist, geht es los!

Bevor du losfliegen kannst, ziehst du dir den Raumanzug an, der dich vor der Kälte im Weltall schützen soll.

Das Raumschiff lässt sich starten, indem du dich auf den Rücken legst, Arme und Beine gestreckt hältst und dich wie eine Schraube um dich selber drehst. Das Raumschiff hebt ab und du fliegst zu dem Lichtjahre entfernten Planeten Omega.

Auf deiner langen Reise schaust du durch die kleine Luke deines Raumschiffs und siehst viele leuchtende Sternschnuppen vorbeiziehen. Du schließt deine Augen und wünschst dir heimlich etwas.

Nach Stunden des Flugs durch die Schwerelosigkeit gibt es einen Ruck und das Raumschiff „Kuck" landet auf dem Planeten Omega. Du steigst vorsichtig aus und schaust dich erst mal neugierig um. Vor dir liegt in hell erstrahlendem Licht die Milchstraße. Viel hast du schon von ihr gehört, aber noch nie warst du so nah an ihr dran. Du gehst langsam auf die „Straße der Sterne" zu und schaust dich um.

Es stellt sich als äußerst schwierig heraus, denn als du nun am Anfang stehst, siehst du, wie schmal die Milchstraße bei näherer Betrachtung in Wirklichkeit ist! Dennoch wagst du es, vorsichtig ein Bein vor das andere zu setzen und den ganzen Weg entlang zu balancieren.

Puh! Geschafft! Du bist sicher auf der anderen Seite angekommen. Und weil es so viel Spaß gemacht hat, möchtest du noch einen zweiten Versuch wagen, diesmal rückwärts.

Nun lässt du die Milchstraße hinter dir und gehst weiter auf deinem Weg. Aus der Entfernung siehst du etwas Helles aufblitzen.

Neugierig geworden kommst du näher und näher … Du erkennst bunten, funkelnden Sternenstaub, seine hellen Strahlen glänzen verführerisch.

Du möchtest so gern etwas davon mitnehmen, um es deinen Freunden auf der Erde zu zeigen. Schnell sammelst du von jeder Farbe eine Handvoll Sternenstaub ein und bringst ihn in Sicherheit.

Du fragst dich, ob es wohl auf diesem Planeten andere Lebewesen gibt und wenn ja, wie sie wohl aussehen würden. Ob sie wirklich grün sind? Oder haben sie, wie in den Geschichten erzählt wird, nur ein großes Auge mitten im Gesicht und Ohren, die wie Raupenfühler vom Kopf abstehen? Außerirdische Bewohner haben ja angeblich nur drei Finger an einer Hand. Du brauchst nicht lange zu fantasieren. Plötzlich steht wie gerufen ein sehr kleines grünes Männchen vor dir und begrüßt dich, indem es ganz aufgeregt auf einem Bein um dich herumhüpft. Weil du das Männchen auch begrüßen möchtest, machst du höflich das Gleiche.

Das grüne Männchen braucht deine Hilfe. Es hat seine sechs Glückssteine verloren, die irgendwo im Planetenstaub vergraben liegen. Gern hilfst du ihm bei der Suche.

Puh! Das war ganz schön anstrengend! Allmählich möchtest du wieder nach Hause, denn du bekommst Heimweh nach deinen Freunden auf der Erde. Doch oje ... du hast deine Rückflugkarte verloren! Na, macht nichts – du malst dir einfach ein neues Flugticket.

Jetzt musst du nur noch das Raumschiff „Kuck" finden. Wo war noch mal der Landeplatz? War er vielleicht auf dem Berg? Oder vor dem Berg? Oder doch neben dem Berg?

Mittlerweile ist es auf dem Planeten Omega dunkel geworden. Bei der weiteren Suche musst du dich auf dein Gehör verlassen. Unter verschiedenen Geräuschen erkennst du das vertraute Düsengeräusch vom Raumschiff „Kuck". Vorsichtig gehst du darauf zu. Und tatsächlich: Da steht es!

Endlich am Raumschiff angekommen kletterst du erschöpft in die Kapsel. Dort startest du den Düsentrieb und fliegst los. Um den Rückweg zur Erde zu finden, musst du ihn genau auf deiner Karte verfolgen. Zu Hause angekommen, läufst du zu deinen Freunden und erzählst ihnen von deinen spannenden Erlebnissen.

7 Die zehn Aufgaben im Überblick

„Bewegung ist
der Motor
der Entwicklung."

Aufgabe 1 **Den Raumanzug anziehen**

Das Raumschiff „Kuck" steht bereit, um mit dir weit in das Weltall zu fliegen, damit du dort auf einem fremden und unbekannten Planeten spannende Abenteuer erleben kannst!

Wenn du bereit bist, geht es los!

Bevor du losfliegen kannst, ziehst du dir den Raumanzug an, der dich vor der Kälte im Weltall schützen soll.

Aufgaben-
beschreibung

Der/die Testleiter/-in macht die Bewegung vor bzw. gemeinsam mit dem Kind. Es sollte darauf geachtet werden, dass Überkreuzbewegungen bewusst mit einbezogen werden. Die Handbewegungen sollten sehr deutlich durchgeführt werden, z. B. die Handschuhe bis zu den Schultern ziehen.

Material Keine Materialien

Beobachtungs-
merkmal

3 Das Kind kann die Bewegungen nachahmen.

2 Das Kind kann Überkreuzbewegungen nicht nachahmen.

1 Das Kind kann die Bewegungen nicht nachahmen.

ÜBERBLICK

■ **Differenzierte Beobachtungsmerkmale:**
 – Das Kind kann die Körpermitte nicht überkreuzen.
 – Das Kind zeigt die Bewegungen seitenverkehrt.
 – Das Kind kontrolliert seine Bewegungen visuell.

■ **Beobachtungsschwerpunkte:**
 – Körperschema
 – Körperorientierung
 – Praxie

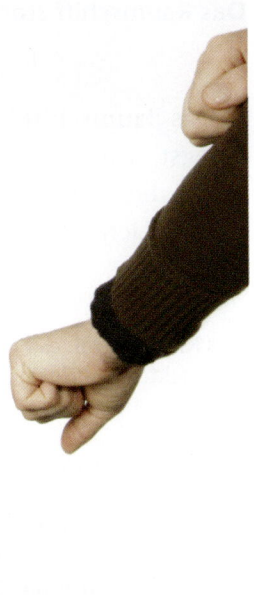

Sophia zieht den Raumanzug an.

Eigene Anmerkungen oder Erfahrungen:

Aufgabe 2 **Das Raumschiff starten**

> Das Raumschiff lässt sich starten, indem du dich auf den Rücken legst, Arme und Beine gestreckt hältst und dich wie eine Schraube um dich selber drehst. Das Raumschiff hebt ab und du fliegst zu dem Lichtjahre entfernten Planeten Omega.

Aufgaben-
beschreibung   Das Kind liegt in der Rückenlage auf dem Boden. Die Arme sind über dem Kopf gestreckt. Mit angespanntem Körper rollt es um die eigene Achse. Hierbei soll die Körperspannung beibehalten werden.

Material   Rutschfeste Decke oder Matte als Unterlage

Beobachtungs-
merkmale   3 Das Kind führt die Rollbewegung mit kontinuierlicher Körperspannung aus.

2 Das Kind kann die Körperspannung nicht halten.

1 Das Kind kann die Rollbewegung nicht einleiten.

ÜBERBLICK

■ **Differenzierte Beobachtungsmerkmale:**
  – Das Kind kann die Richtung nicht halten/rollt schräg weg.
  – Das Kind hat eine verkrampfte Körperhaltung.

■ **Beobachtungsschwerpunkte:**
  – Vestibulär-propriozeptive Wahrnehmung
  – Körperkoordination
  – Raumorientierung
  – Körperschema

Sophia startet das Raumschiff.

Eigene Anmerkungen oder Erfahrungen:

Aufgabe 3   ## Wandern auf der Milchstraße

Auf deiner langen Reise schaust du durch die kleine Luke deines Raumschiffs und siehst viele leuchtende Sternschnuppen vorbeiziehen! Du schließt deine Augen und wünschst dir heimlich etwas. Nach Stunden des Flugs durch die Schwerelosigkeit gibt es plötzlich einen Ruck und das Raumschiff „Kuck" landet auf dem Planeten Omega. Du steigst vorsichtig aus und schaust dich erst mal neugierig um. Vor dir liegt in hell erstrahlendem Licht die Milchstraße! Viel hast du schon von ihr gehört, aber noch nie warst du so nah an ihr dran! Du gehst langsam auf die „Straße der Sterne" zu und schaust dich um.

Es stellt sich als äußerst schwierig heraus, denn als du nun am Anfang stehst, siehst du, wie schmal die Milchstraße bei näherer Betrachtung in Wirklichkeit ist! Dennoch wagst du es, vorsichtig ein Bein vor das andere zu setzen und den ganzen Weg entlang zu balancieren.

Puh! Geschafft! Du bist sicher auf der anderen Seite angekommen! Und weil es so viel Spaß gemacht hat, möchtest du noch einen zweiten Versuch wagen, diesmal rückwärts!

Aufgabenbeschreibung   Das Kind balanciert – am besten barfuß – auf einem zehn cm breiten Teppichbodenstreifen vorwärts und anschließend rückwärts, indem es einen Fuß vor den anderen bzw. hinter den anderen setzt.

Material   Teppichbodenstreifen von 200 x 10 cm Länge

Beobachtungsmerkmale   3 Das Kind balanciert vorwärts und rückwärts über den Teppichbodenstreifen.

2 Das Kind balanciert vorwärts über den Teppichbodenstreifen.

1 Das Balancieren gelingt dem Kind nicht, ohne die Begrenzung zu überschreiten.

ÜBERBLICK

■ **Differenzierte Beobachtungsmerkmale:**
  – Das Kind schiebt die Füße hintereinander.
  – Das Kind zeigt assoziierte Mitbewegungen.
  – Das Kind weist starke Ausgleichsbewegungen auf.

■ **Beobachtungsschwerpunkte:**
  – Vestibuläre Wahrnehmung
  – Haltungskontrolle
  – Raumorientierung

Sophia balanciert über die Milchstraße.

Eigene Anmerkungen oder Erfahrungen:

Aufgabe 4   **Sternenstaub einsammeln**

> Nun lässt du die Milchstraße hinter dir und gehst weiter auf deinem Weg. Aus der Entfernung siehst du etwas Helles aufblitzen!
>
> Neugierig geworden kommst du näher und näher … Du erkennst bunten, funkelnden Sternenstaub, seine hellen Strahlen glänzen verführerisch.
>
> Du möchtest so gern etwas davon mitnehmen, um es deinen Freunden auf der Erde zu zeigen! Schnell sammelst du von jeder Farbe eine Handvoll Sternenstaub ein und bringst ihn in Sicherheit.

Aufgaben-beschreibung   Das Kind sammelt möglichst schnell verschiedenfarbige Sandsäckchen in einer vorgegebenen Reihenfolge ein (z. B. rot, gelb, blau, grün). Die Sandsäckchen liegen in vier Meter Entfernung gehäuft an einer Stelle. Jedes einzelne wird aufgenommen und anschließend der/dem Testleiter/-in übergeben.

Material   Sandsäckchen in Rot, Gelb, Blau, Grün

Tipp:

Nehmen Sie statt Sandsäckchen bunte Steine.

Beobachtungs-merkmale   3 Das Kind kann sich die Reihenfolge merken und die Sandsäckchen einsammeln.

2 Das Kind merkt sich höchstens zwei der genannten Farben.

1 Das Kind vertauscht bei allen Farben die Reihenfolge.

ÜBERBLICK

■ **Differenzierte Beobachtungsmerkmale:**
  – Das Kind lässt die Sandsäckchen häufig fallen.

■ **Beobachtungsschwerpunkte:**
  – Auditve Serialität
  – Auditive Merkfähigkeit

Sophia sammelt den Sternenstaub ein.

Eigene Anmerkungen oder Erfahrungen:

Aufgabe 5 **Begrüßung der Außerirdischen**

> Du fragst dich, ob es wohl auf diesem Planeten andere Lebewesen gibt und wenn ja, wie sie wohl aussehen würden. Ob sie wirklich grün sind? Oder haben sie, wie in den Geschichten erzählt wird, nur ein großes Auge mitten im Gesicht und Ohren, die wie Raupenfühler vom Kopf abstehen? Außerirdische Bewohner sollen ja auch nur drei Finger an einer Hand haben! Du brauchst nicht lange zu fantasieren. Plötzlich steht wie gerufen ein kleines grünes Männchen vor dir und begrüßt dich, indem es ganz aufgeregt auf einem Bein um dich herumhüpft. Weil du das Männchen auch begrüßen möchtest, machst du höflich das Gleiche.

Aufgaben-
beschreibung   Das Kind hüpft monopedal (auf einem Bein) ca. sechs bis acht Mal. Anschließend wird die Aufgabe mit dem anderen Bein wiederholt.

Material   Keine Materialien

Beobachtungs-
merkmale   3 Das Kind kann sowohl auf dem einen Bein als auch auf dem anderen hüpfen.

2 Das Hüpfen gelingt nur auf dem rechten oder dem linken Bein.

1 Das Hüpfen gelingt auf keinem Bein.

ÜBERBLICK

- **Differenzierte Beobachtungsmerkmale:**
  – Das Kind zeigt starke Ausgleichsbewegungen.
  – Das Kind zeigt assoziierte Mitbewegungen.

- **Beobachtungsschwerpunkte:**
  – Vestibuläre Wahrnehmung
  – Raumorientierung
  – Lateralität

Sophia begrüßt
den Außerirdischen.

Eigene Anmerkungen oder Erfahrungen:

Aufgabe 6   **Glückssteine finden**

Das grüne Männchen braucht deine Hilfe. Es hat seine sechs Glückssteine verloren, die irgendwo im Planetenstaub vergraben liegen. Gern hilfst du ihm bei der Suche.

Aufgaben-beschreibung   Unter einem Tuch befinden sich drei gleiche Paare von Formelementen, die das Kind ertasten soll. Dabei muss es das richtige Paar finden.

Material
- Zwei Dreiecke
- Zwei Vierecke
- Zwei Kreise

Beobachtungs-merkmale

3 Das Kind kann alle identischen Formen herausfinden.

2 Das Kind findet mindestens zwei gleiche Formen heraus.

1 Das Kind kann die Aufgabe nicht lösen.

ÜBERBLICK

- **Differenzierte Beobachtungsmerkmale:**
  - Das Kind benutzt nur eine Hand zum Erkennen der Formen.
  - Das Kind hat Schwierigkeiten, ohne visuelle Kontrolle die Formen zu erkennen.

- **Beobachtungsschwerpunkte:**
  - Taktile Wahrnehmung
  - Propriozeptive Wahrnehmung
  - Formwahrnehmung

Sophia sucht die Glückssteine.

Eigene Anmerkungen oder Erfahrungen:

Aufgabe 7 **Das Rückflugticket**

> Puh! Das war ganz schön anstrengend! Allmählich möchtest du wieder nach Hause, denn du bekommst Heimweh nach deinen Freunden auf der Erde. Doch oje …! Du hast deine Rückflugkarte verloren! Na, macht nichts – du malst dir einfach ein neues Flugticket.

Aufgaben-beschreibung Das Kind erhält zwei Zeichnungen vom Raumschiff „Kuck". Ein Bild ist unvollständig und soll anhand des anderen Bildes ergänzt werden.

Material
- Kopiervorlage (siehe Anhang, S. 91)
- Stifte

Beobachtungs-merkmale
3 Das Kind kann die Zeichnung vollständig ergänzen.

2 Das Kind ergänzt vier Merkmale.

1 Das Kind ergänzt nur zwei Merkmale.

ÜBERBLICK

- **Differenzierte Beobachtungsmerkmale:**
  - Das Kind zeigt assoziierte Mitbewegungen.
  - Das Kind kann die Körpermitte nicht überkreuzen.
  - Das Kind zeigt eine verkrampfte Stifthaltung.

- **Beobachtungsschwerpunkte:**
  - Visuelle Figur-Grund-Wahrnehmung
  - Visuomotorische Koordination

Sophia malt ihr Rückflugticket.

Eigene Anmerkungen oder Erfahrungen:

Aufgabe 8   **Auf der Suche nach dem Raumschiff**

> Jetzt musst du nur noch das Raumschiff „Kuck" finden. Wo war noch mal der Landeplatz? War er vielleicht auf dem Berg? Oder vor dem Berg? Oder doch neben dem Berg?

Aufgabenstellung   Dem Kind werden Bildkarten gezeigt und es soll einen Stein, der das Raumschiff symbolisiert, an den auf der Karte vorgegebenen Platz legen. Dabei soll es den Ort mit der entsprechenden Präposition (auf, vor, neben) benennen.

Material   ■ Kopiervorlage für Bildkarten (siehe Anhang, S. 92f.)
■ Steine

Beobachtungs-
merkmale   3 Das Kind kann die Aufgabe vollständig ausführen.

2 Das Kind positioniert den Stein am richtigen Platz, jedoch wird der Ort falsch benannt.

1 Das Kind kann die Aufgabe nicht ausführen.

ÜBERBLICK

■ **Differenzierte Beobachtungsmerkmale:**
– Keine Beobachtungsmerkmale

■ **Beobachtungsschwerpunkte:**
– Raumorientierung
– Praxie
– Visuelles Gedächtnis

*Sophia findet
das Raumschiff.*

Eigene Anmerkungen oder Erfahrungen:

Aufgabe 9   **Suche im Dunkeln**

> Mittlerweile ist es auf dem Planeten Omega dunkel geworden. Bei der weiteren Suche musst du dich auf dein Gehör verlassen. Unter verschiedenen Geräuschen erkennst du das vertraute Düsengeräusch vom Raumschiff „Kuck". Vorsichtig gehst du darauf zu. Und tatsächlich: Da steht es!

Aufgabenstellung   Das Kind muss mit verbundenen Augen aus einer Vielzahl an Geräuschen ein bestimmtes, z. B. Klatschen, Stampfen oder Schnipsen, heraushören und diesem Geräusch bis zu seiner Quelle folgen. Die Geräusche können natürlich beliebig verändert werden.

Material   Augenbinde oder Tuch

Beobachtungs-   3 Das Kind kann das Geräusch selektieren und lokalisieren.
merkmale
2 Das Kind lokalisiert das Geräusch am Ort, ohne sich darauf zu zu bewegen.

1 Das Kind findet nicht die Richtung, aus der das Geräusch kommt.

ÜBERBLICK

■ **Differenzierte Beobachtungsmerkmale:**
   – Das Kind wirkt mit verbundenen Augen sehr unsicher.
   – Das Kind kann sich auf die Aufgabe nicht einlassen.

■ **Beobachtungsschwerpunkte:**
   – Auditive Lokalisation
   – Auditive Figur-Grund-Wahrnehmung

Sophia lauscht dem Geräusch des Düsenantriebs.

Eigene Anmerkungen oder Erfahrungen:

Aufgabe 10   **Den Rückweg finden**

> Endlich am Raumschiff angekommen kletterst du erschöpft in die Kapsel. Dort startest du den Düsenantrieb und fliegst los. Um den Rückweg zur Erde zu finden, musst du ihn genau auf deiner Karte verfolgen!

Aufgabenstellung   Das Kind bekommt die Zeichnung eines Labyrinths, in die es den Weg nach Hause einzeichnen soll. Es sollte am Stern beginnen und dem Weg bis zur Erde folgen, ohne den Stift abzusetzen und ohne nach Möglichkeit die vorgegebene Linie zu verlassen.

Material   ■ Kopiervorlage (siehe Anhang, S. 94)
■ Stifte

Beobachtungs-
merkmale   3 Das Kind kann den Weg vollständig nachfahren, ohne Begrenzungslinien zu überschreiten.

2 Das Kind kann dem Weg folgen, überschreitet aber immer die Begrenzungslinien.

1 Das Kind kann dem Weg nicht folgen.

ÜBERBLICK

■ **Differenzierte Beobachtungsmerkmale:**
– Das Kind zeigt assoziierte Mitbewegungen.
– Das Kind kann die Körpermitte nicht kreuzen.
– Das Kind zeigt eine verkrampfte Stifthaltung.

■ **Beobachtungsschwerpunkte**
– Visuomotorische Koordination
– Visuelle Wahrnehmung
– Visuelle Figur-Grund-Wahrnehmung

> Zu Hause angekommen läufst du zu deinen Freunden und erzählst ihnen von deinen spannenden Erlebnissen!

Sophia zeichnet den Heimweg ein.

Eigene Anmerkungen oder Erfahrungen:

8 Praktische Beispiele für Förderangebote

„Erkenne die Stärken
des Kindes und mache
sie für die Förderung
nutzbar."

Wenn aufgrund unseres Beobachtungsverfahrens bei einem Kind Förderbedarf im Hinblick auf die Schulfähigkeit festgestellt worden ist, ist es jetzt wichtig, die beobachteten Schwerpunkte mit gezielten Angeboten zu fördern.

Anhand unseres Verfahrens und den dort genannten Beobachtungsmerkmalen sowie -schwerpunkten ist es nun einfach, Aktivitäten nach Förderzielen sortiert individuell für das betreffende Kind bzw. die betreffenden Kinder auszuwählen. Wir haben zu den jeweiligen Förderzielen passende Angebote entwickelt, die gezielt auf die aktuellen Bedürfnisse des Kindes eingehen und es in ihrer Entwicklung zur Schulfähigkeit unterstützen.

Die nachfolgende Tabelle zeigt die in diesem Kapitel zusammengestellten Förderangebote unterteilt nach Förderzielen. Ein Angebot kann für mehrere Förderziele eingesetzt werden.

Förderziele	Angebot	Seite
Auditive Merkfähigkeit	Zilly und Bärchen – Yoga mit Bildkarten Eine Reise ans Meer Materialerfahrung mit Joghurtbechern	73 ff. 75 ff. 81
Auditive Wahrnehmung	Eine Reise ans Meer	75 ff.
Auge-Hand-Koordination	Materialerfahrung mit Joghurtbechern Materialerfahrung mit Korken Materialerfahrung mit Tüchern	81 85 f. 86 f.
Form-wahrnehmung	Materialerfahrung mit Seilen Materialerfahrung mit Zeitungen	83 f. 81 ff.
Haltungs-kontrolle	Zilly und Bärchen – Yoga mit Bildkarten Materialerfahrung mit Zeitungen	73 ff. 81 f.
Körper-koordination	Wir arbeiten auf der Baustelle Zilly und Bärchen – Yoga mit Bildkarten Materialerfahrung mit Steinen Materialerfahrung mit Seilen	66 f. 73 ff. 79 83 f.
Körper-orientierung	Materialerfahrung mit Joghurtbechern	81
Körperschema	Die Spinnen – ein Entspannungsspiel für den Rücken Materialerfahrung mit der Weichbodenmatte	77 f. 84 f.
Kraftdosierung	Wir fahren auf der Autobahn	68 f.
Lateralität	Materialerfahrung mit Zeitungen	81 ff.
Praxie	Wir arbeiten auf der Baustelle Wir machen den Rennkäferführerschein Materialerfahrung mit Schwämmen	66 f. 69 ff. 80
Propriozeptive Wahrnehmung	Wir arbeiten auf der Baustelle Materialerfahrung mit Steinen Materialerfahrung mit der Weichbodenmatte	66 f. 79 84 f.
Raum-orientierung	Wir fahren auf der Autobahn Materialerfahrung mit Steinen Materialerfahrung mit Schwämmen Materialerfahrung mit Zeitungen	68 f. 79 80 81 ff.

Förderziele	Angebot	Seite
Sequenz-gedächtnis	Materialerfahrung mit Joghurtbechern	81
Taktile Wahrnehmung	Wir machen den Rennkäferführerschein Wir suchen den schlafenden Riesen hinter dem Zauberberg Die Spinnen – ein Entspannungsspiel für den Rücken Materialerfahrung mit Steinen Materialerfahrung mit Schwämmen Materialerfahrung mit der Weichbodenmatte	69 ff. 71 ff. 77 f. 79 80 84 f.
Vestibuläre Wahrnehmung	Wir suchen den schlafenden Riesen hinter dem Zauberberg Materialerfahrung mit Seilen Materialerfahrung mit der Weichbodenmatte	71 ff. 83 f. 84 f.
Vestibulär-propriozeptive Wahrnehmung	Wir machen den Rennkäferführerschein	69 ff.
Visuelle Figur-Grund-Wahrneh-mung	Materialerfahrung mit Zeitungen Materialerfahrung mit Seilen Materialerfahrung mit Korken Materialerfahrung mit Tüchern	81 f. 83 f. 85 f. 86 f.
Visuelle Wahrnehmung	Zilly und Bärchen – Yoga mit Bildkarten	73 ff.
Visuomotorische Koordination	Wir fahren auf der Autobahn Materialerfahrung mit Korken Materialerfahrung mit Tüchern	68 f. 85 f. 86 f.

Die Förderangebote wurden im Folgenden nach drei Bereichen unterteilt:
- bewegte Fantasiegeschichten,
- Entspannungsübungen und
- Förderangebote mit Alltagsmaterialien.

Die bewegten Fantasiegeschichten folgen demselben Aufbau wie die Geschichte „Raumschiff ‚Kuck' auf dem Weg durch die Galaxie". Sie stellen Aufgaben, die die Kinder umsetzen müssen.

Die Entspannungsübungen können (frei) nacherzählt werden und bieten im Gegensatz zu den aktiven Fantasiegeschichten eine ruhige Alternative im Hinblick auf die Förderung der Entwicklungsbereiche.

Die Förderangebote mit den Alltagsmaterialien eignen sich beispielsweise hervorragend für die Umsetzung in der Turnstunde oder im Außengelände. Hier haben die Kinder die Gelegenheit, unterschiedliche Materialien kennenzulernen und auszuprobieren.

Zusammenfassend werden dann jeweils auch noch einmal die entsprechenden Förderziele vorgestellt.

Alle Angebote in diesem Kapitel können ohne großen Aufwand in den Tagesablauf integriert werden. Sie stellen zudem eine gute Basis für einen gelungenen Einstieg in die Arbeit der Psychomotorik dar.

Psychomotorik versteht Bewegung nicht allein auf den Körper betrachtet, sondern als Ausdruck der gesamten Persönlichkeit. Bewegungsabläufe stehen in einem engen Zusammenhang mit psychischen Prozessen wie Gefühlen oder der Konzentration. Zudem wird sie umgangssprachlich auch als interdisziplinäre Maßnahme aufgefasst, die als ganzheitliches und entwicklungsorientiertes Konzept Wahrnehmung und Bewegung gleichermaßen fördert.

> **Lesetipp:**
>
> *Beudels, Wolfgang/Lensing-Conrady, Rudolf/Beins, Hans Jürgen: ... das ist für mich ein Kinderspiel: Handbuch zur psychomotorischen Praxis, 10. Auflage, Dortmund, verlag modernes lernen, 2008, 335 Seiten.*

8.1   Bewegte Fantasiegeschichten

Wir arbeiten auf der Baustelle

Der Text zur Geschichte kann frei erzählt werden.

Die Bauarbeiter kommen zur Baustelle und ziehen sich um. Hierbei kann man den Kindern Arbeitshandschuhe und Bauarbeiterwesten zur Verfügung stellen, auch Warnwesten eignen sich hierfür sehr gut.

Aufgabe 1   Zwischen zwei hochkant gestellten Weichbodenmatten werden Bewegungsbausteine geklemmt, die die Kinder herausziehen müssen, um mit ihrer Arbeit beginnen zu können. Im Anschluss folgt eine Experimentierphase, in der die Kinder mit den Bewegungsbausteinen frei hantieren können.

Nun müssen die Bauarbeiter das Grundstück frei räumen. Sie machen es sich einfach und werfen die Klötze über den Zaun auf das Grundstück des Nachbarn. Der ist darüber natürlich nicht erfreut und wirft sie in seiner Wut zurück. Beide Seiten sind bemüht, ihr Grundstück sauber zu halten. Eine Spielsequenz „Haltet das Feld frei" kann an dieser Stelle gut eingebaut werden.

Aufgabe 2

Die Gruppe wird in zwei Mannschaften eingeteilt, die durch ein Absperrband oder eine Markierung am Boden voneinander getrennt werden. Beide Mannschaften versuchen nun, ihr Feld von Bewegungsbausteinen frei zu halten und so schnell wie möglich ins gegnerische Feld zurückzuwerfen. Das Spielende bestimmt ein Spielleiter mit einem Signal. Gewonnen hat die Mannschaft, in deren Feld weniger Bewegungsbausteine liegen.

Um den Nachbarfrieden wiederherzustellen, beschließen sie, gemeinsam eine Mauer zwischen den beiden Grundstücken zu bauen.

Aufgabe 3

Da kommt plötzlich der Bauherr und berichtet seinen Arbeitern, dass die Grundstücke jetzt zusammengelegt werden sollen und die Mauer wieder eingerissen werden muss.

Die Bauarbeiter können die Mauer nach Lust und Laune einreißen und auch wieder aufbauen. Hier haben die Kinder die Möglichkeit, dies so oft zu tun, wie sie wollen, und ihrem Bewegungsdrang nachzukommen. Eine Regel gibt es aber: Sie müssen die Mauer immer gemeinsam aufbauen.

Aufgabe 4

Nun ist es Zeit das Traumhaus zu bauen. Dafür erhalten die Kinder Blätter und Stifte, um sich vorab einen Bauplan zu zeichnen.

Aufgabe 5

Nach getaner Vorarbeit beginnen die Bauarbeiter, gemeinsam das Haus mit den Bewegungsbausteinen zu bauen.

Aufgabe 6

Nachdem das Haus gebaut ist, steht ein Richtfest an. Die Bauarbeiter treffen sich und feiern ihr neu gebautes Haus. Im Anschluss an das Fest ruhen die Bauarbeiter sich in ihrem Haus aus und erzählen über ihre gemeinsame Arbeit. Nach einem gelungenen Arbeitstag gehen sie nach Hause.

ÜBERBLICK

■ **Förderziele:**
  – Verbesserung der propriozeptiven Wahrnehmung
  – Verbesserung der Praxie/Handlungsplanung
  – Verbesserung der Körperkoordination

Material

■ Bewegungsbausteine
■ Warnwesten für die Bauarbeiter
■ Arbeitshandschuhe
■ Blätter zum Zeichnen eines Bauplans
■ Stifte

Wir fahren auf der Autobahn

Der Text zur Fantasiegeschichte kann frei erzählt werden:

> Habt ihr Lust, heute mit uns auf der Autobahn zu fahren? Ihr könnt schnelle Autos fahren.

Aufgabe 1   Die Kinder basteln sich mit einem Heulrohr ein Lenkrad.

Aufgabe 2   Die Kinder fahren durch den Raum und geben Gas. Dabei können sie mit den Rohren heulende Motorengeräusche erzeugen. Mithilfe von verschiedenfarbigen Tüchern kann ein Ampelsignal dargestellt werden. Bei Grün fahren die Kinder schnell, bei Gelb fahren sie langsam und bei Rot bleiben sie ganz schnell stehen.

Aufgabe 3   Plötzlich hat ein Wagen eine Panne, ein Reifen verliert Luft. Die Kinder schieben ihr Auto zur Tankstelle. Dort pumpen sie mit einem weiteren Heulrohr neue Luft in den Reifen. Danach kann die Fahrt weitergehen.

Holterdiepolter! Rums, peng, puff ...! Plötzlich sehen die Kinder ein Hindernis. Sie schaffen es nicht mehr rechtzeitig zu bremsen und fahren mit einem großen Knall dagegen.

Ein anderes Auto fährt vor – das ist die Polizei. Die Polizisten sind so freundlich und schleppen das Auto bis zur nächsten Werkstatt ab.

Aufgabe 4   Zwei ineinandergesteckte Heulrohre bilden das Abschleppseil.

In der Werkstatt wird das Auto repariert und muss, bevor es weiterfahren kann, einige Tests machen:

Aufgabe 5   Durch das Heulrohr müssen die Kinder einen vorgegebenen Punkt finden.

Aufgabe 6   Das Kind streckt seine nach vorne geöffnete Hand aus. Ein anderes Kind hält ein Heulrohr so, dass sich das untere Ende zwischen Daumen und Zeigefinger der geöffneten Hand des zu testenden Kindes befindet. Das Kind, das das Heulrohr hält, darf dieses ohne Ankündigung fallen lassen. Das andere Kind soll versuchen, das Heulrohr zu fangen, bevor es den Boden berührt.

Aufgabe 7   Die Kinder dürfen aus den Heulrohren einen schwierigen Parcours bauen. Das zu testende Kind soll versuchen, diesen Parcours zu durchfahren, ohne die Heulrohre zu berühren.

Die Kinder haben die Tests geschafft und dürfen mit ihren Autos weiterfahren. Doch bevor sie losfahren, bekommen sie noch einen Blumenstrauß für ihre Leistung.

Aufgabe 8   Die Kinder balancieren eine Frisbee-Scheibe auf dem Heulrohr.

■ **Förderziele:**
– Verbesserung der Kraftdosierung
– Verbesserung der Raumorientierung
– Verbesserung der visuomotorischen Koordination

Wir machen den Rennkäferführerschein

> Herby, der kleine Käfer, entdeckt sein Dorf.
>
> Pit fährt mit Herby, seinem Auto, aus seiner Garage. Vor der Garage muss er jedoch bremsen, da ganz viele Schnecken über die Fahrbahn gleiten. Da er sie nicht überfahren möchte, sammelt er sie alle ein.

Das Kind fährt mit dem Rollbrett in Bauchlage und sammelt dabei Sandsäckchen ein. *Aufgabe 1*

Slalomstrecke: Mit Seilen wird eine Slalomstrecke gelegt. Die Länge und Art der Strecke kann individuell bestimmt werden. Am Ende der Strecke befindet sich ein kleiner Kasten mit der Öffnung nach oben. Auf der Wegstrecke wird eine bestimmte Anzahl von Sandsäckchen (Schnecken) verteilt. *Material*

> Pit hat alle Schnecken eingesammelt und möchte sie am anderen Ende des Dorfes, am Bach, in Sicherheit bringen. Aber am Bach ist die Brücke kaputt und er muss mit Herby die Seilfähre über das Wasser benutzen.

Das Kind sitzt auf dem Rollbrett und zieht sich mit seinen Händen am Seil entlang. *Aufgabe 2*

Ein langes Tau wird an zwei feststehenden Geräten, z. B. Sprossenwand und Barren, befestigt. Die Höhe des Seils sollte der Körpergröße der Kinder angepasst sein. *Material*

Geschafft, die Schnecken sind alle gesund und munter am Bach angekommen. Aber was sieht Pit da? Ist das nicht ein anderer Käfer? Oje! Pit macht sich Sorgen, denn Herby ist ein flottes Auto, und es kommt, wie es kommen muss: Herby verliebt sich in den rosa Käfer.

Aber, oh Gott, er ist ja ganz schmutzig und ohne dass Pit es verhindern kann, fährt Herby durch die „Waschstraße".

Aufgabe 3 Das Kind fährt mit dem Rollbrett in Bauchlage durch die „Waschstraße".

Material **Waschstraße:** Zwei Kästen werden parallel nebeneinandergestellt, sodass das Rollbrett hindurchpasst. Über die Kästen werden verschiedene Materialen gehängt, z. B. Tücher, Schwämme, feuchte Lappen und Bürsten. Die Materialien müssen so tief hängen, dass sie die Kinder berühren können.

Herby ist nun blitzblank und will dem rosa Käfer zeigen, was er alles kann und wie toll er ist. Er fährt auf den Hügel am Bach und den steilen Hang wieder hinunter.

Aufgabe 4 Das Kind sitzt auf dem Rollbrett und fährt die Rollbrettbahn hinunter.

Material **Rollbrettbahn:** Eine Bank hängt mit einem Ende auf einem Kasten, mit dem anderen Ende steht sie auf dem Boden. Auf der Bank werden die Elemente der Rollbrettbahn befestigt.

Der rosa Käfer ist begeistert und zwinkert Herby zu. Dieser ist ganz verlegen und fragt sie, ob sie gemeinsam mit ihm durch das Dorf fahren möchte. Sie würde sehr gern, aber es ist schon spät und sie muss nach Hause. Herby begleitet sie durch die engen Straßen und parkt vor ihrer Haustür.

Aufgabe 5 Das Kind sitzt auf dem Rollbrett und fährt rückwärts in eine Parklücke.

Material **Parklücke:** Mit farbigem Klebeband können Parkvorrichtungen auf den Hallenboden geklebt werden.

Die Kopiervorlage zum Rollbrettführerschein befindet sich im Anhang, S. 95.

■ **Förderziele:**
– Verbesserung der vestibulären Wahrnehmung
– Verbesserung der taktilen Wahrnehmung
– Verbesserung der Praxie

Wir suchen den schlafenden Riesen hinter dem Zauberberg

Habt ihr Lust, euch heute auf den Weg zum Riesen hinter dem Zauberberg zu machen? Dafür brauchen wir aber Hilfe. Es gibt einen kleinen Kobold, der total witzig ist und uns begleiten möchte. Er wird uns den schwierigen Weg zeigen. Wenn wir Hilfe brauchen, ist er bei uns.

„Hallo, Kinder, ich bin der kleine Kobold. Ich habe gehört, dass ihr den Riesen sucht. Darf ich euch begleiten? Ich kann euch einen tollen Weg zeigen!"

Wir gehen gemeinsam los. Kurz nach dem Aufbruch unserer Reise liegt das erste Hindernis bereits vor uns. Der Kobold sagt: „Ihr müsst einen reißenden Bach überqueren, aber ihr dürft nur über die Steine gehen und die Frösche nicht wecken, sonst quaken sie so laut, dass sie den Riesen wecken."

Es liegen verschiedene Frisbee-Scheiben auf dem Boden, über die die Kinder gehen müssen.   *Aufgabe 1*

„Das habt ihr prima gemacht und wir können weitergehen. Habt ihr denn noch Lust?", fragt der Kobold. „Jetzt gehen wir immer den Weg entlang."

Verschiedene Materialien bilden den Weg: weiche, harte, raue, glatte usw. Die Kinder gehen über die unterschiedlichen Materialien.   *Aufgabe 2*

„Oh, ich sehe eine schmale Brücke. Wie kommen wir da nur rüber? Versucht es mal. Wir treffen uns dann auf der anderen Seite. Viel Glück!"

Aufgabe 3   Die Brücke wird durch eine Bank dargestellt. Die Kinder können die Bank überqueren, wie sie möchten: z. B. gehend, krabbelnd oder sich drüberziehend.

> Das haben wir geschafft! Könnt ihr noch oder sollen wir hier eine Pause machen?
>
> Oje, da ist ja schon wieder eine Brücke! Der Kobold hat bereits auf uns gewartet und sagt: „Ihr könnt diese Brücke nur überqueren, wenn ihr einen Fuß vor den anderen setzt. Ich laufe vor und warte auf euch. Bis gleich."

Aufgabe 4   Die Kinder überqueren die Bank jetzt, indem sie einen Fuß vor den anderen setzen.

> „Kinder, kommt", ruft der Kobold, „wir sind gleich da, aber ihr müsst ganz leise sein. Der Riese schläft und wir wollen ihn nicht wecken, sonst ist er immer so brummig."

Aufgabe 5   Der Kobold schleicht auf Zehenspitzen vor und die Kinder hinterher.

> Wir sind da, aber wo ist der Riese? Hier liegt nur ein Zettel. Was steht darauf?
>
> Der Kobold liest langsam vor: „Ich bin heute nicht zu Hause. Wenn ihr mich besuchen wollt, müsst ihr morgen wiederkommen. Sagt mir aber bitte vorher Bescheid."
>
> „Der Riese ist ja lustig", sagt der Kobold, „wir können ja gar nicht schreiben. Der Riese hat auch kein Telefon. Was haltet ihr davon, wenn wir dem Riesen ein Bild von unserem Abenteuer malen, von unserem Weg zu ihm?"

> Jetzt machen wir uns wieder auf den Heimweg, über die Brücken, den Weg und den Bach.
>
> Endlich! Wir sind wieder zu Hause. „So", verabschiedet sich der Kobold, „ich gehe jetzt auch nach Hause. Es hat mir sehr viel Spaß mit euch gemacht. Bis bald."

Die Kinder gehen „nach Hause", indem sie die einzelnen Geräte in umgekehrter Reihenfolge benutzen.

Aufgabe 6

- Langbank
- Frisbee-Scheiben
- Verschiedene Bodenbeläge, z. B. Teppichreste, Holzplatten, Steinplatten, Schleifpapier usw.

Material

Tipp

Wenn nach der Reise bzw. in der folgenden Freispielphase noch Zeit ist, könnnen die Kinder ein Bild von ihren Abenteuern malen.

- **Förderziele:**
  - Verbesserung der taktilen Wahrnehmung
  - Verbesserung der vestibulären Wahrnehmung

ÜBERBLICK

8.2   Entspannungsübungen

Bei der Einführung von Entspannungseinheiten ist es ratsam die Übungen zunächst in kleinen Gruppen durchzuführen. Jedes einzelne Kind sollte ausreichend Abstand zu seinem Nachbarn haben, damit es sich auf die Entspannung einstellen kann. Um den Kindern eine angenehme Entspannungseinheit zu bieten, sollten Matten und wenn möglich auch Decken zur Verfügung gestellt werden.

Aufgaben-beschreibung

Zilly und Bärchen – Yoga mit Bildkarten

Als Einstieg in die Entspannungsgeschichte werden die Bildkarten (siehe Anhang S. 96 f.) und die dazugehörigen Bewegungen mit den Kindern besprochen. Es ist hilfreich für die Durchführung vergrößerte Bildkarten zu benutzen, damit alle Kinder die Abbildungen gut erkennen können. Die anleitende Erzieherin sollte sich so vor die Gruppe stellen, dass alle Kinder sie gut sehen. Die Geschichte kann vorgelesen oder nacherzählt werden. Bei den Yogaübungen wird die entsprechende Bildkarte gezeigt und die dazugehörende Position eingenommen.

Zilly und Bärchen sind dicke Freunde und haben sich sehr lieb. Zilly ist eine flinke und freche **Wildkatze**, Bärchen ist ein gemütlicher, kuscheliger und zotteliger **Bär**. Gemeinsam wollen sie einen wunderschönen und fröhlichen Tag am Bach verbringen. Es ist ein sonniger Morgen und Mutter Bär hat ihnen schon die Brote für das Picknick geschmiert.

Juhu, endlich geht es für die beiden los! Zilly flitzt den Weg am Bach entlang und klettert alle **Bäume** am Wegesrand freudig hinauf. Dann springt sie von oben ganz mutig wieder herunter. Zilly hat viel Spaß dabei. Doch plötzlich bemerkt sie, dass sie Bärchen verloren hat.

Sie läuft den Weg am Bach zurück und sucht ihn überall. Allmählich wird sie traurig, weil sie ihren besten Freund nicht finden kann. Zilly läuft den kleinen Hügel am Bach hinunter und trifft dort einen dicken grünen **Frosch**, der sich quakend im Bach vergnügt. Zilly springt auf ihn zu und fragt ihn ganz aufgeregt, ob er ihren allerbesten Freund Bärchen gesehen habe. Der Frosch schaut Zilly verdutzt an und quakt: „Wenn du den zotteligen, gemütlichen Bär meinst, dann findest du ihn ein Stück weiter den Bach entlang, kurz vor der Brücke. Da habe ich ihn eben noch gesehen. Wenn du dich beeilst, holst du ihn bestimmt noch ein, denn er war sehr verträumt unterwegs." Zilly rennt los und ruft noch schnell dem Frosch „Danke, danke" hinterher. Es wird allmählich schon dunkel und ein kleiner **Stern** leuchtet Zilly, so gut er kann.

Endlich findet sie ihren müden, zotteligen Freund schlafend unter einem **Blätterhaufen** und weckt ihn ganz vorsichtig. Bärchen schaut Zilly mit großen Augen an und sagt: „Es ist ja schon dunkel und ich habe so einen großen Hunger." Erst jetzt merkt Zilly, dass sie ja noch nicht ihre Picknickbrote gegessen haben. Aber weil es schon dunkel ist, laufen sie schnell nach Hause und verputzen dort alle Picknickbrote. Anschließend schläft Zilly in Bärchens Armen ein. Es war ein wunderschöner, aufregender Tag!

Die Kopiervorlagen zu den Yoga-Bildkarten befinden sich im Anhang, S. 96 f.

ÜBERBLICK

- **Förderziele:**
  - Verbesserung der Körperkoordination
  - Verbesserung der auditiven Merkfähigkeit
  - Verbesserung der Haltungskontrolle

Eine Reise ans Meer – eine Fantasiereise

Als Einstiegsspiel werden die Koffer für die Reise gepackt. Dazu werden im Raum verschiedenfarbige Tücher verteilt. Mit einem Farbwürfel wird nun abwechselnd gewürfelt und die gewürfelte Farbe wird als Tuch in den Koffer gepackt. Sind alle Tücher im Koffer, schließen wir ihn und setzen uns gemeinsam in einen Kreis. Jedes Kind sitzt auf einer Matte. Der Koffer liegt in der Mitte des Kreises und die Geschichte beginnt:

Wir haben unseren Koffer gepackt und wollen nun gemeinsam auf die Reise gehen.

Legt euch gemütlich auf eure Matte und schließt die Augen. Ihr fahrt jetzt mit dem Koffer zum Flughafen, steigt in das Flugzeug und setzt euch an einen Fensterplatz. Das Flugzeug startet und steigt immer höher. Ihr schaut aus dem Fenster und seht die Wolken an euch vorbeiziehen. Ihr schwebt über den Wolken der Sonne entgegen. Das Flugzeug ist ganz leicht und gleitet ruhig dahin.

Nach zwei Stunden seid ihr auf eurer Urlaubsinsel angekommen. Ihr steigt mit dem Koffer aus dem Flugzeug und spürt die Wärme der Sonnenstrahlen. Es riecht hier ganz anders als zu Hause – es riecht nach Kräutern und duftenden Blumen. Ihr bringt euren Koffer ins Hotel und macht euch auf den Weg zum Strand. Dort breitet ihr euer Handtuch unter einer Palme im Sand aus. Ihr legt euch auf den Rücken und spürt den warmen Sand mit euren Händen. Das Meer plätschert leise, vor euch beobachtet ihr Kinder, wie sie eine Sandburg bauen. Doch ihr bleibt liegen und träumt in der warmen Sonne.

Plötzlich kommt ein kleiner Käfer angeflogen und setzt sich auf eure Nasenspitze. Er kitzelt euch. Langsam wacht ihr auf, blinzelt ein wenig mit den Augen und sucht den Käfer auf eurer Nasenspitze. Doch da merkt ihr, dass da gar kein Käfer ist. Habt ihr vielleicht geträumt?

Öffnet langsam eure Augen und schaut euch um. Bewegt langsam eure Fingerspitzen. Streckt nun eure Arme in die Luft und versucht euch so lang zu machen, wie ihr nur könnt. Mit Schwung richtet ihr euch wieder auf und geht zu dem Koffer.

Nachbereitung der Fantasiereise

Wenn alle Kinder wieder um den Koffer sitzen, haben sie die Möglichkeit, den andern ihre geträumten Erlebnisse mitzuteilen. Nach einer kleinen Gesprächsrunde können die Kinder ihre Erlebnisse zu Papier bringen können. Als Hintergrundmusik eignet sich dafür beispielsweise eine CD mit Meeresrauschen.

■ **Förderziele:**
  – Verbesserung der auditiven Wahrnehmung
  – Verbesserung der auditiven Merkfähigkeit

ÜBERBLICK

Die Spinnen – ein Entspannungsspiel für den Rücken

Das Spinnenspiel ist ein Partnerspiel und kann im Sitzen oder auf dem Bauch liegend gespielt werden.

> Hoch oben in den Regenrinnen sitzen zwei kleine freche Spinnen.

Beide Hände laufen mit den einzelnen Fingern auf den Schultern hin und her.

> Hihihi, so denken sie munter, jetzt kommen wir zu dir runter.

Beide Hände trippeln senkrecht den Rücken hinunter.

> Sie krabbeln hin, sie krabbeln her, das fällt den Spinnen gar nicht schwer.

Mit beiden Händen kreisförmig von unten nach oben laufen.

> Da kommt der Wind und schaukelt dann unsere kleinen Spinnen an.

Mit den flachen Händen zweimal von unten nach oben und umgekehrt streichen.

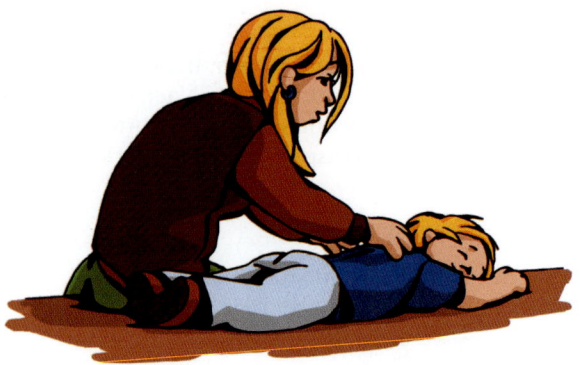

Doch die kleinen frechen Spinnen ziehen sich hoch zu ihren Rinnen.

Mit den Fingern den Rücken hinaufkrabbeln.

Oh, là, là! Was sehen sie da? Deine Seiten sind ja auch noch da!

Mit den Fingern an beiden Körperseiten nach unten krabbeln.

Hihihi, jetzt beißen sie zu und verschwinden dann im Nu!

Mit beiden Händen in die Hüften zwicken und dann die Hände hinter dem Rücken verstecken.

ÜBERBLICK

■ **Förderziele:**
   – Verbesserung der taktilen Wahrnehmung
   – Verbesserung des Körperschemas

8.3   Förderangebote mit Alltagsmaterialien

Um Fertigkeiten in den Bereichen Wahrnehmung und Motorik zu fördern, eignen sich auch hervorragend Aktivitäten mit Alltagsmaterialien. Dazu ist keine aufwendige Materialvorbereitung erforderlich und die Angebote sind einfach und schnell in den Alltag zu integrieren (z. B. in der Turnstunde oder im Außengelände). Durch Experimentierphasen, Spiele oder Reime können die Kinder Erfahrungen mit den Materialien sammeln und gleichzeitig ihre Wahrnehmung sowie ihre motorischen Fähigkeiten trainieren.

> **Lesetipp:**
>
> *Beudels, Wolfgang/Kleinz, Nicola/Delkers, Kerstin: Außer Rand und Band: Wenig-KostenvielSpaßGeschichten mit Alltagsmaterialien, 4. Auflage, Dortmund, verlag modernes lernen, 2002, 200 Seiten.*

Materialerfahrung mit Steinen

- Jedes Kind nimmt sich so viele flache Steine und legt sie so nebeneinander, dass ein Fuß daraufpasst. Es stellt einen Fuß auf die Steine und belastet sowie entlastet ihn im Wechsel. Welcher Unterschied ist zu spüren?   *Experimente mit Steinen*

- Die Kinder sitzen in einem Kreis. Jedes Kind hat mehrere Steine und ein Stein liegt in der Mitte. Der Reihe nach versucht jeder, seine Steine so nah wie möglich an den Stein in der Mitte zu schieben.

- Zwei blaue, parallel liegende Seile bilden einen „Fluss". Die Kinder können nun ihre Steine in dem „Fluss" verteilen. Sie sollen sich durch den „Fluss" bewegen, ohne die Steine zu berühren. Die Fortbewegungsart kann variieren. Die Kinder können versuchen, mal schneller, mal langsamer durch den „Fluss" zu laufen, zu hüpfen usw. Danach sollen sie den „Fluss" durchqueren, ohne nasse Füße zu bekommen, indem sie auf den Steinen balancieren.

- Jedes Kind bekommt jetzt ein Seil und zieht es durch den „Fluss", ohne die Steine zu berühren. Das Seil kann mal kurz oder auch mal lang sein.

- Die Kinder benötigen dazu eine Matte, Steine und einen Partner. Ein Kind legt sich auf die Matte, je nach Empfinden in Rücken oder Bauchlage. Der Partner legt nun langsam und still die Steine an verschiedenen Körperteilen entlang, z. B. an Arm oder Bein, und nimmt sie in umgekehrter Reihenfolge langsam wieder herunter. Es empfiehlt, sich dies mit Entspannungsmusik zu untermalen. Anschließend wechseln die Partner ihre Rollen.   *Entspannung mit Steinen*

ÜBERBLICK

- **Förderziele:**
  - Verbesserung der Raumorientierung
  - Verbesserung der taktilen Wahrnehmung
  - Verbesserung der propriozeptiven Wahrnehmung
  - Verbesserung der Körperkoordination

Materialerfahrung mit Schwämmen

Spiele   **Haltet das Feld frei**
Die Gruppe wird in zwei Mannschaften geteilt, die durch ein Absperrband oder eine Markierung am Boden voneinander getrennt werden. Beide Mannschaften versuchen nun, ihr Feld frei von Schwämmen zu halten und so schnell wie möglich ins gegnerische Feld zu werfen. Das Spielende bestimmt ein Spielleiter mit einem Signal. Gewonnen hat die Mannschaft, in deren Feld weniger Bewegungsbausteine liegen.

Variante:
Ein oder zwei Kinder sind die „Feldhüter", die anderen Spieler versuchen, die Schwämme in einen umgedrehten Kasten zu werfen. Die „Feldhüter" versuchen, die Schwämme so schnell wie möglich aus dem Kasten zu befördern.

Bunt oder Schwarz?
Es werden zwei Mannschaften gebildet. Eine schwarze Mannschaft, diese versucht alle Schwämme mit der dunklen Seite nach oben zu legen. Die andere Mannschaft ist die bunte Mannschaft. Sie versucht, alle Schwämme mit der bunten Seite nach oben zu legen. Das Spielende bestimmt ein Spielleiter mit einem Signal.

Schwämme nach Farben sortieren
Das Spielfeld wird in verschiedene Farbbereiche geteilt. Die Kinder sortieren die Schwämme nach Farben. Sie sollten versuchen, sie ohne Hilfe der Hände in die Farbbereiche zu befördern, z. B. mit den Füßen.

Nachdem die Schwämme nach Farben sortiert sind, können die Kinder mit den Schwämmen Burgen bauen.

Zum Abschluss folgt eine Ritterschlacht: Die Kinder bewerfen die anderen Burgenbesitzer mit Schwämmen.

Schwammregen
Die Kinder stehen in einem Kreis und werfen die Schwämme in die Luft. Ein schöner Schwammregen entsteht.

Aus jedem Regen entsteht wieder etwas Neues: Jedes Kind kann sich aus den heruntergefallenen Schwämmen eine Blume legen. Die Kinder werden zu Bienen, die etwas von dem leckeren Nektar der Blumen naschen möchten. Ein bisschen Nektar (ein Schwamm) kann mitgenommen und an eine andere Blume angelegt werden.

ÜBERBLICK

■ **Förderziele:**
   – Verbesserung der Raumorientierung
   – Verbesserung der taktilen Wahrnehmung
   – Verbesserung der Praxie

Materialerfahrung mit Joghurtbechern

La-Ola-Welle

Die Kinder stehen in einem Kreis. Ein Kind beginnt und lässt seinen Becher zu Boden fallen. Die anderen folgen seinem Beispiel und lassen nacheinander auch ihre Becher fallen. Eine La-Ola-Welle entsteht. Das Spiel sollte erst langsam beginnen und mit jeder weiteren Runde kann es dann immer schneller werden.

Meine Mu

> *„Meine Mu, meine Mu, meine Mutter schickt mich her.*
> *ob der Ku, ob der Ku, ob der Kuchen fertig wär.*
> *Wenn er no, wenn er no, wenn er noch nicht fertig wär,*
> *käm ich mo, käm ich mo, käm ich morgen wieder her."*
> *(Text: volkstümlich)*

Die Kinder sitzen im Kreis und der rhythmische Vers wird gesprochen. Dabei klopfen alle im Rhythmus mit ihrem Becher auf den Boden.

Variante:
Der Becher jedes Kindes wandert im Uhrzeigersinn mit einem Klopfen auf den Boden weiter zum Nebenmann. Nach längerem Weitergeben der Joghurtbecher im Uhrzeigersinn kann durch ein Signal die Richtung geändert werden.

ÜBERBLICK

- ■ **Förderziele:**
  - – Verbesserung der auditiven Merkfähigkeit
  - – Verbesserung des Sequenzgedächtnisses
  - – Verbesserung der Auge-Hand-Koordination

Materialerfahrung mit Zeitungen

Die Kinder verteilen sich im Raum und erproben das Material, z. B. indem sie es flattern und fliegen lassen. Danach sollten sie folgende Experimente ausprobieren:

Experimente mit Zeitungen

- ■ Sie sollen die Zeitung als Dach auf den Kopf legen und damit spazieren gehen oder langsam und schnell gehen, ohne die Zeitung zu verlieren.

- ■ Die Kinder können auch zu zweit mit der Zeitung laufen, ohne dass sie zerreißt.

- ■ Sie sollen mit der Zeitung schnell laufen, sie plötzlich loslassen und dann die Flugbahn verfolgen.

- ■ Die Kinder sollen die Zeitung hochwerfen und sie auffangen, bevor sie den Boden berührt. Dies kann auch partnerweise ausprobiert werden: Einer wirft die Zeitung hoch, der andere fängt sie auf.

- Die Zeitung klebt durch Luftgeschwindigkeit am Körper: Dies könnten die Kinder ausprobieren, indem sie die Zeitung an verschiedene Körperteile legen und loslaufen.

- Die Kinder sollen verschiedene Möglichkeiten des Zeitungstransports ausprobieren, z. B. auf dem Kopf, Fuß, auf der Hand oder dem Rücken, und dabei ggf. Hindernisse überqueren.

- Die Kinder verteilen die Zeitungen auf dem Boden im Raum und laufen z. B. drum herum oder springen darüber oder darauf.

- Aus der Zeitung formen die Kinder Bälle und werfen und fangen sie. Sie können Sie auch auf ein Ziel werfen, z. B. in eine Tonne, einen Korb oder Reifen. Mit dem Zeitungsball können sie auch versuchen, Fußball zu spielen.

Spiele
Reaktionsspiel
Die Zeitungen werden auf dem Boden verteilt. Alle Kinder laufen, hüpfen usw. durch den Raum. Auf ein visuelles oder akustisches Zeichen sucht sich jedes Kind eine Zeitung und stellt sich darauf.

Variante:
Der Spielleiter gibt vor, welche Position die Kinder auf der Zeitung einnehmen sollen, z. B. sitzen, stehen usw.

Pinguinspiel
Die Zeitungen werden als „Insel" auf den Boden gelegt. Alle Kinder sind Pinguine und schwimmen durch das Meer. Plötzlich kommt ein Sturm und alle Pinguine retten sich auf die Insel. Leider überspült der Sturm jedes Mal die Insel (jeweils eine Zeitung wegnehmen). Wie viele Pinguine passen jetzt darauf?

Variante:
Die Zeitungen sind „Eisschollen" und werden im Raum verteilt. Die Pinguine schwimmen durch das Meer und wenn der Hai kommt, müssen die Pinguine so schnell wie möglich auf ihre Eisscholle zurückkehren. Durch die Sonne schmelzen die Eisschollen jedes Mal auf die Hälfte zusammen (Zeitung ein Mal falten). Wie lange können die Pinguine auf der kleiner werdenden Insel stehen?

Haltet den Korb leer
Die Zeitungen werden zu Bällen geformt und in einen Korb geworfen. Ein oder zwei Kinder werfen die Bälle so schnell wie möglich aus dem Korb. Alle anderen sammeln die Zeitungsbälle so schnell wie möglich ein und legen sie wieder in den Korb.

Abschlagen mit dem Zeitungsstab
Aus der Zeitung wird ein Stab gerollt. Alle Kinder laufen mit ihrem Zeitungsstab durcheinander und versuchen, sich gegenseitig mit dem Stab einen sanften Schlag auf verschiedene Körperteile (Arm, Rücken, Fuß usw.) zu geben.

Variante:
Der Zeitungsstab wird zum Zauberstab und die Kinder können die anderen verzaubern, z. B. in ein Tier. Das Kind muss dann das gewählte Tier imitieren. Um sie zu erlösen, müssen sie wieder berührt werden.

Schneeballschlacht
Die Kinder bilden zwei Mannschaften und stehen sich in abgetrennten Feldern gegenüber. Sie bewerfen sich mit „Schneebällen". Wer getroffen ist, setzt sich im Feld hin und kann nur noch Bälle werfen, die er erreichen kann oder durch einen Mitspieler bekommt.

Langlauf und Schlittschuhlauf
Jedes Kind erhält zwei Bögen Zeitungspapier. Je ein Fuß wird auf einen Bogen Zeitungspapier gestellt und dann bewegt sich das Kind mit gleitenden Schritten vorwärts. Für die Langlaufski wird die Zeitung schmal und lang gefaltet und das Kind kann sich wie ein Skifahrer durch den Raum bewegen.

Riesenball
Aus allen Zeitungen wird ein Riesenball geformt (ggf. mit Klebeband befestigen). Die Kinder sitzen in Kreisform und der Ball wird hin und her gerollt, geworfen oder weitergegeben.

■ **Förderziele:**
   – Verbesserung der Formwahrnehmung
   – Verbesserung der Haltungskontrolle
   – Verbesserung der Lateralität
   – Verbesserung der Raumorientierung

ÜBERBLICK

Materialerfahrung mit Seilen

Die Kinder suchen sich ein Seil aus und bewegen sich durch die Halle oder den Raum:

Experimente mit Seilen

■ Sie gehen mal langsam und mal schnell.

■ Die Kinder legen das Seil auf die Erde in eine Form ihrer Wahl und bewegen sich frei um das Seil.

■ Die Kinder legen das Seil gerade auf die Erde und springen darüber, mal mit einem Bein und auch mal mit beiden Beinen.

■ Die Kinder suchen sich einen Partner und bewegen sich als Reiter und Pferd oder auch als Schlitten und Schlittenhund. Die Partner bewegen sich mit gespanntem Seil durch den Raum, ohne die anderen zu berühren.

■ Die Kinder bilden eine Vierergruppe und legen mit den Seilen verschiedene Formen, die die anderen erraten sollen.

Spiele

Spinnennetz

Alle Seile werden zu einem Stern zusammengelegt. Die Kinder gehen, springen oder laufen nacheinander und gemeinsam durch die Zwischenräume. Jedes Kind stellt sich an ein Ende des Seils und hält es mit beiden Händen fest. Ein Kind setzt sich auf den Mittelpunkt. Die Gruppe hebt gleichzeitig die Seile hoch und schaukelt das Kind in der Mitte sanft hin und her.

Lebensbaum

Alle Seile werden zu einem großen Baum gelegt. Jedes Kind überlegt sich, wie es sich fühlt und was es sein möchte: eine Wurzel, Blätter usw. Jeder setzt sich an die Stelle im Baum, die er für sich gewählt hat. Dieser Baum bietet sich als Abschluss- und Reflexionsrunde an.

ÜBERBLICK

■ **Förderziele:**
- Verbesserung der Körperkoordination
- Verbesserung der Formwahrnehmung
- Verbesserung der visuellen Figur-Grund-Wahrnehmung
- Verbesserung der vestibulären Wahrnehmung

Materialerfahrung mit der Weichbodenmatte

Spiele

Mattenrundlauf

Die Matte wird hochkant gestellt und die Kinder laufen ganz dicht um die Matte herum, ohne dass die Matte umfallen kann.

Mattenrodeo

Die Matte steht hochkant und ein Kind sitzt auf ihr. Die anderen Kinder rütteln und schütteln die Matte so lange, bis das Kind sich nicht mehr halten kann.

Mattensurfen

Die Matte liegt mit der glatten Seite nach unten. Ein Kind steht mittig auf ihr und alle anderen schieben die Matte langsam durch die Halle. Mit Einverständnis des Kindes kann die Matte auch schneller bewegt werden.

Mattenrutschen

Die Matte liegt mit der glatten Seite auf dem Boden. Die Kinder schmeißen sich mit Anlauf auf die Matte und rutschen so mit der Matte durch den Raum. Die Kinder können auch im Sitzen auf der Matte landen.

Vorsicht: Achten Sie darauf, dass die Kinder nicht zusammenstoßen, wenn sie sich auf die Matte werfen!

Mattenflug
Es werden zwei Matten aufeinandergelegt. Ein Kind legt sich mittig mit dem Rücken auf die obere Matte. Alle anderen Kinder heben langsam und vorsichtig die Matte hoch und runter.

Wichtig: Körperspannung!

Flug: Hier ist es sehr wichtig, dass das Kind viel Körperspannung aufbaut!

Die Kinder heben die Matte erneut gemeinsam hoch und lassen sie auf ein Signal gemeinsam fallen.

Sandwich
Mehrere Kinder legen sich auf die untere Matte (auf den Bauch). Eine andere Matte wird von den anderen Kindern daraufgelegt. Die restlichen Kinder legen sich auf die obere Matte und die unteren Kinder versuchen, sich mit ihrer eigenen Kraft aus dem Sandwich zu befreien.
Vorsicht: Im Voraus wird ein eindeutiges Stoppsignal vereinbart, bei dem das Spiel sofort abgebrochen wird.

ÜBERBLICK

■ **Förderziele:**
  – Verbesserung der propriozeptiven Wahrnehmung
  – Verbesserung der taktilen Wahrnehmung
  – Verbesserung des Körperschemas
  – Verbesserung der vestibulären Wahrnehmung

Materialerfahrungen mit Korken

Jedes Kind nimmt sich so viele Korken, wie es benötigt, und beginnt zu experimentieren.

Experimente mit Korken

■ Die Korken werden in einer Reihe aufgestellt oder es wird eine lange Schlange daraus geformt.

■ Die Korken können je nach Fantasie zu Tieren oder Gegenständen gelegt werden. Im Anschluss können die Kunstwerke gegenseitig betrachtet werden.

■ Die Korken können nach ihren unterschiedlichen Stempeln am Kopf sortiert werden.

■ Die Kinder können die Korken auf dem Boden dicht aneinanderreihen, sodass sie einen Teppich bilden. Dann können die Kinder darauf gehen oder sich darauf legen.

■ Die Kinder verteilen die Korken im Raum und versuchen, sich durch den Raum zu bewegen, ohne die Korken zu berühren.

■ Die Korken können aus einiger Entfernung in einen umgedrehten Kasten, Karton oder Ähnliches geworfen werden.

- Mit den Korken kann ein Labyrinth gebaut werden, durch das die Kinder vorsichtig durchschleichen können. Dabei dürfen keine Korken umfallen.

- Ein Kind kann sich auf den Boden legen, während die anderen Kinder den Körperumriss mit Korken nachstellen.

ÜBERBLICK

- **Förderziele:**
  - Verbesserung der visuomotorischen Koordination
  - Verbesserung der Feinmotorik
  - Verbesserung der visuellen Figur-Grund-Wahrnehmung

Materialerfahrung mit Tüchern

Jedes Kind hält ein Tuch in der Hand und beginnt zu experimentieren.

Experimente mit Tüchern

- Es lässt das Tuch wie eine Fahne im Wind flattern.

- Das Kind läuft mit dem Tuch, sodass es vor dem Körper klebt.

- Das Kind lässt das Tuch fliegen und versucht, es mit den unterschiedlichsten Körperteilen aufzufangen.

- Das Kind lässt das Tuch fliegen und baut zwischendurch kleine Kunststücke ein, z. B. klatschen, drehen, hüpfen, laufen usw.

Jedes Kind sucht sich einen Partner und beide experimentieren gemeinsam.

- Ein Kind läuft mit zwei Tüchern los, lässt sie fliegen und das andere Kind fängt sie auf.

- Die Kinder stellen sich gegenüber (selbstgewählte Entfernung), werfen die Tücher gleichzeitig in die Höhe und wechseln dabei die Plätze.

- Die Kinder verkleiden sich mit den Tüchern und stellen etwas dar (z. B. einen Schmetterling, eine Königin oder ein Zettelmonster).

Jedes Kind hat ein Tuch und jongliert damit.

■ Das Kind hält ein Tuch in der Mitte fest und wirft es hoch. Es soll versuchen, es mit der gleichen Hand wieder aufzufangen.

■ Die Kinder werfen die Tücher mit einer Hand hoch und versuchen, sie mit der anderen Hand wieder aufzufangen. Wenn die Kinder sicher sind, können sie sich auch zwischen dem Fangen drehen oder in die Hände klatschen.

ÜBERBLICK

■ **Förderziele:**
– Verbesserung der Auge-Hand-Koordination
– Verbesserung der visuomotorischen Koordination

9 Anhang

„Kinder und Uhren
dürfen nicht beständig
aufgezogen werden.
Man muss sie auch
gehen lassen."
Jean Paul

Beobachtungsbogen zu „Raumschiff ‚Kuck' auf dem Weg durch die Galaxie"

Name des Kindes: _____   Alter: _____

Beobachter/-in: _____   Datum: _____

Aufgaben	Beobachtungsschwerpunkte	Bewertung			Differenzierte Beobachtungen
1. Den Raumanzug anziehen	Körperschema Körperorientierung Praxie	3	2	1	
2. Das Raumschiff starten	Vestibulär–propriozeptive Wahrnehmung Körperkoordination Raumorientierung Körperschema	3	2	1	
3. Wandern auf der Milchstraße	Vestibuläre Wahrnehmung Haltungskontrolle Raumorientierung	3	2	1	
4. Sternenstaub einsammeln	Sequenzgedächtnis Auditive Merkfähigkeit	3	2	1	
5. Begrüßung der Außerirdischen	Vestibuläre Wahrnehmung Raumorientierung Lateralität	3	2	1	
6. Glückssteine finden	Taktile Wahrnehmung Propriozeptive Wahrnehmung Formwahrnehmung	3	2	1	
7. Das Rückflugticket	Visuelle Figur-Grund-Wahrnehmung Visuomotorische Koordination	3	2	1	
8. Auf der Suche nach dem Raumschiff	Raumorientierung Praxie Visuelles Gedächtnis	3	2	1	
9. Suche im Dunkeln	Auditive Lokalisation Auditive Figur-Grund-Wahrnehmung	3	2	1	
10. Den Rückweg finden	Visuomotorische Koordination Visuelle Wahrnehmung Visuelle Figur-Grund-Wahrnehmung	3	2	1	

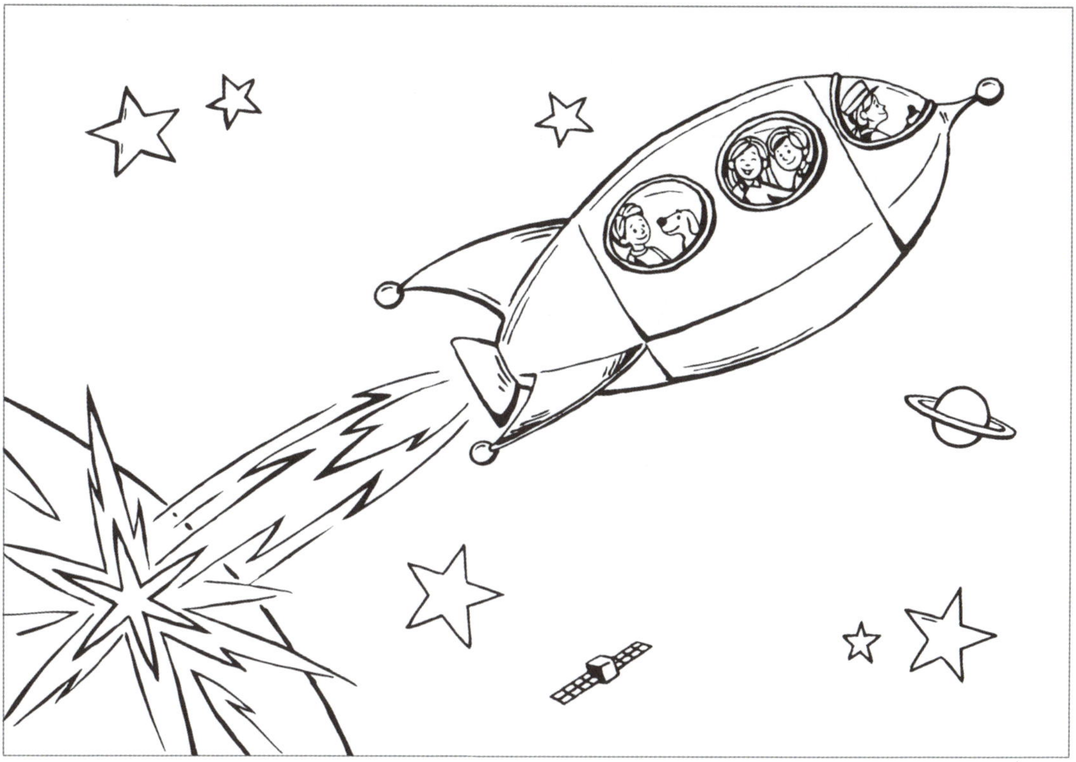

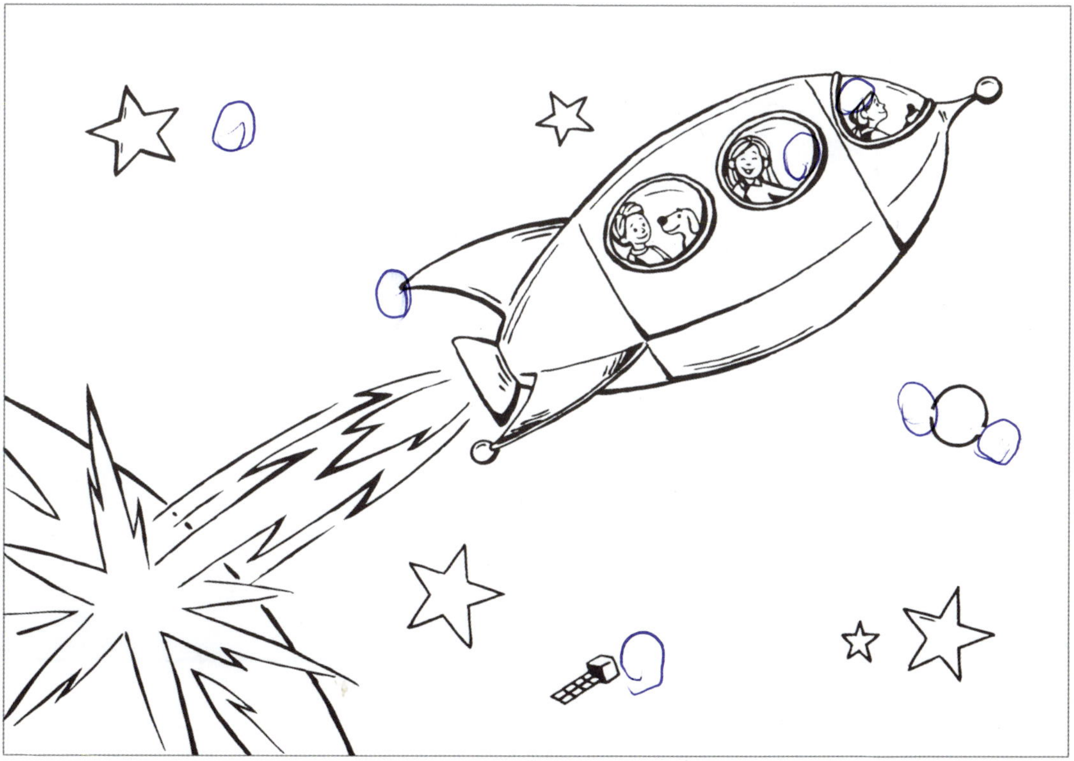

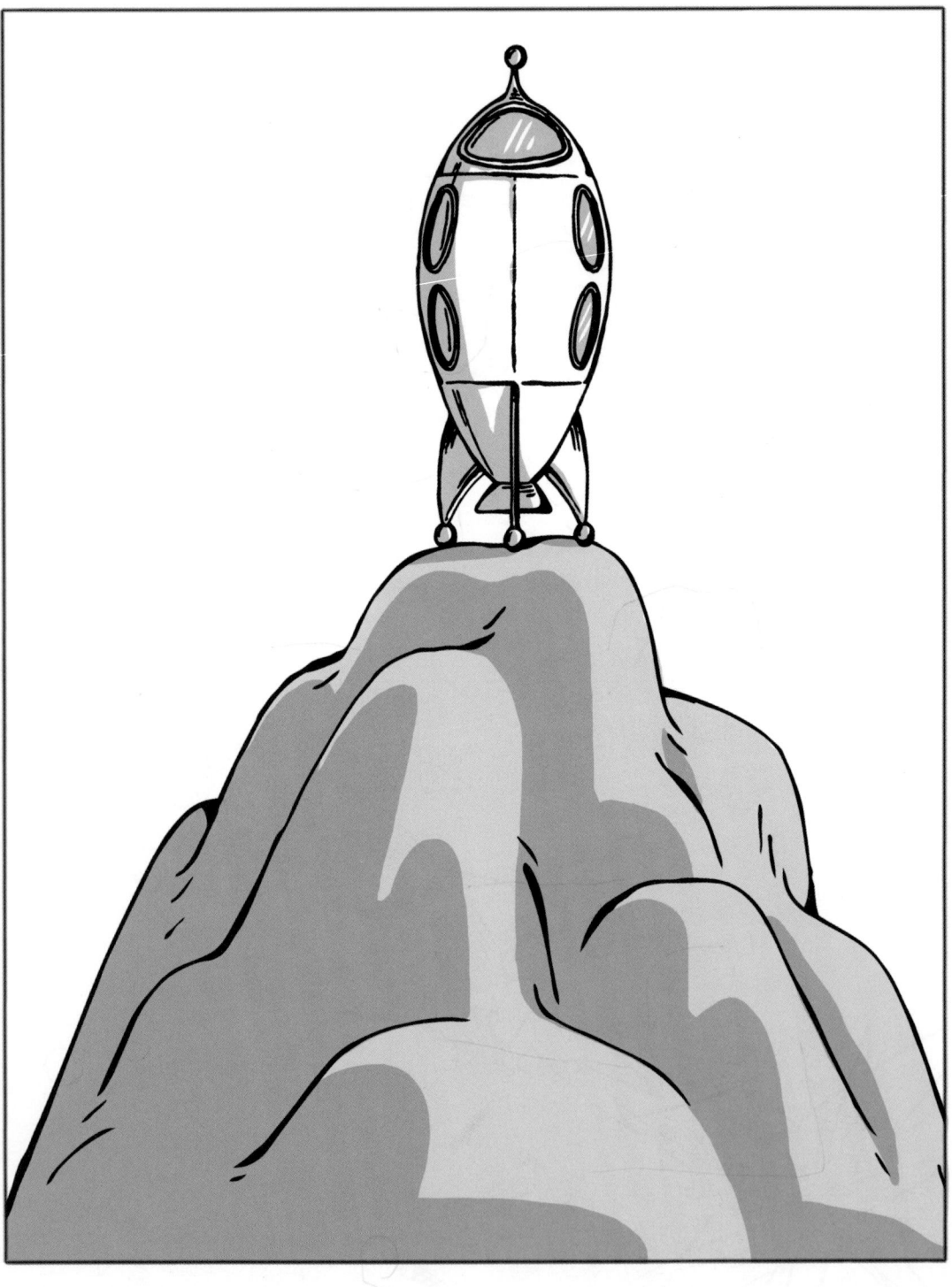

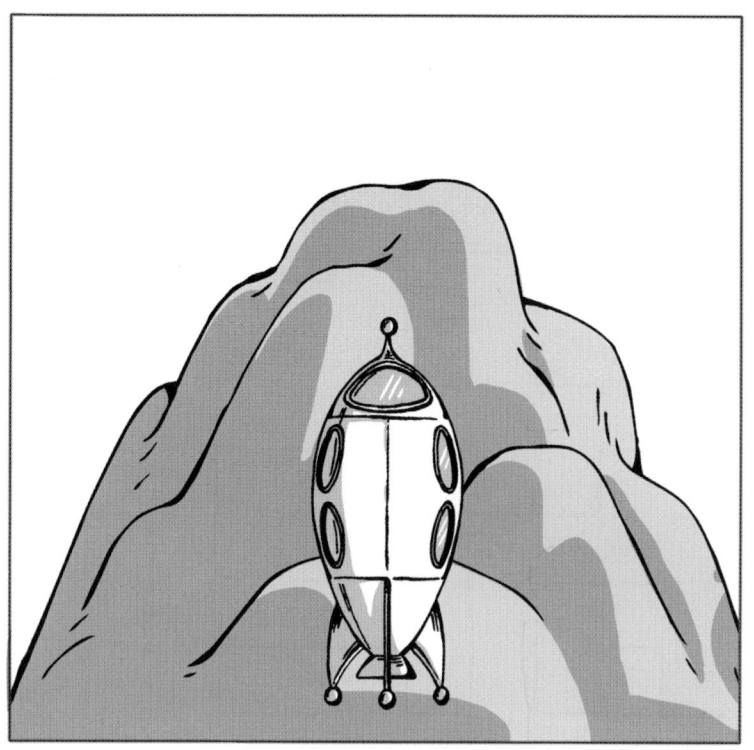

Rollbrettführerschein

Name: _____

Vorname: _____

Wohnort: _____

Die Inhaberin/der Inhaber besitzt die Fahrerlaubnis für den Käferführerschein
(Ein- und Zweisitzer)

_____, den _____

Theoretische und praktische Prüfung: _____
                                         Unterschrift Fahrerin/Fahrer

_____   _____
        Ort, Datum   Unterschrift Fahrlehrerin/Fahrlehrer

                              Stempel

Literaturverzeichnis

Ayres, A. Jean: Bausteine der kindlichen Entwicklung: Die Bedeutung der Integration der Sinne für die Entwicklung des Kindes, 4. Auflage, Berlin/Heidelberg/New York, Springer Verlag, 2008.

Beigel, Dorothea: Flügel und Wurzeln: Persistierende Restreaktion frühkindlicher Reflexe und ihre Auswirkungen auf das Lernen und Verhalten, 4. Auflage, Dortmund, verlag modernes lernen, 2009.

Beudels, Wolfgang/Kleinz, Nicola/Delkers, Kerstin: Außer Rand und Band: WenigKostenvielSpaßGeschichten mit Alltagsmaterialien, 4. Auflage, Dortmund, verlag modernes lernen, 2002.

Beudels, Wolfgang/Lensing-Conrady, Rudolf/Beins, Hans Jürgen: … das ist für mich ein Kinderspiel: Handbuch zur psychomotorischen Praxis, 10. Auflage, Dortmund, verlag modernes lernen, 2008.

Feierl-Dahmen, Indira/Knop, Wiebke: Lexikon zur Ergotherapie, www.ergotherapie-saar.de/lexikon/ (18.05.2010)

Jonath, Ulrich (Hrsg.): Lexikon der Trainingslehre, Reinbek bei Hamburg, Rowohlt Taschenbuch Verlag, 1988.

Kiesling, Ulla: Sensorische Integration im Dialog: Verstehen lernen und helfen, ins Gleichgewicht zu kommen, 8. Auflage, Dortmund, verlag modernes lernen, 2010.

Ministerium für Schule, Jugend und Kinder des Landes NRW (Hrsg.): Erfolgreich starten! Schulfähigkeitsprofil als Brücke zwischen Kindergarten und Grundschule. Eine Handreichung, Heft 9039 der Schriftreihe „Schule in NRW", Frechen, Ritterbach Verlag, 2003, www.schul-welt.de

Zimmer, Renate: Handbuch der Bewegungserziehung: Grundlagen für Ausbildung und pädagogische Praxis, 7. Auflage, Freiburg, Verlag Herder, 2004.

Zimmer, Renate: Handbuch der Sinneswahrnehmung: Grundlagen einer ganzheitlichen Bildung und Erziehung, 8. Auflage, Freiburg, Verlag Herder, 2005.